JN301098

FOR BEGINNERS フォー・ビギナーズ 102

誤解だらけの個人情報保護法

文●藤田悟
イラスト●ふなびきかずこ

イラスト版オリジナル

現代書館

はじめに

　個人情報の保護に関する法律「個人情報保護法」が2005年4月に全面施行された。個人情報保護法関連の書籍がベストセラーになり、パソコンやコピー機等電子機器の個人情報漏洩対策に関心が高まり、シュレッダーなどの商品が売れた。しかし、個人情報の扱いが無法地帯化していた企業の個人情報の取扱い方法は改善されたが、それ以外に社会生活に多くの過剰反応を発生させることになった。

　個人情報の「第三者提供」で混乱したJR宝塚線脱線事故では、被害者の安否情報が一切公表されなかった。個人情報保護法では、あらかじめ本人の同意を得なければ、第三者に個人データを提供できないのが原則になっている。よって、病院から見れば、患者の家族も勤務先も、事故の当事者であるJR西日本も「第三者」には違いないが、意識不明の患者から同意を得るのは、ほぼ不可能なはずではないか。

　この事故後、内閣府や総務省など15省庁でつくる「個人情報保護関係省庁連絡会議」は、本人の同意を得ない場合でも個人情報を提供できる主な事例を公表した。警察や検察による刑事訴訟法に基づく医療機関への捜査照会、振り込め詐欺に関連して弁護士による弁護士法に基づく金融機関への照会、大規模災害や事故などに際しての家族からの医療機関への安否確認、欠陥家電製品の回収を目的としたメーカーによる家電販売店への顧客名簿の提供要請などに応じることは、人の生命・安全にかかわるものなどとして「問題ない」と例示することになった。しかし意思統一ができていないためなのか、ほとんど守られずに、自分達に都合の悪いことは、情報提供を控えることが広まってしまった。

　その他の過剰反応の事例としては、学校などで緊急連絡網の作成を断念するケース、卒業アルバムをやめる学校、町内会の防災マップの取りやめ、病

院での入院者の名札の廃止、一部犯罪者の匿名報道、医師国家試験の合格者の氏名発表の取りやめ、内閣府が幹部の略歴公表を制限することもあった。

　これ以上は「過剰反応」と線引きする明確な基準はないので、今後、もっと進行する可能性がある。長者番付もこの法律により廃止され、同時に法人についての番付も廃止された。個人ではなく法人まで廃止したのは明らかな過剰反応ではないか。過去にも確定申告の期限後に申告して延滞税を支払う公示逃げや脱税などがあった。法人に関しては、この公表制度廃止を決定する必要はないものと考えられる。

　官公庁では国、自治体を問わず、幹部職員の略歴の一部が公表されないことや懲戒免職の職員を匿名扱いする例が多数出てきている。この法律は、公務員の不祥事隠しに悪用されているのが現実だ。また、個人情報保護法は報道機関への情報提供を適用外としているにも拘らず取材への協力を拒む事例が数多く起きている。

　住民基本台帳については、一昔前のような自由な閲覧は検討されているが、審査が通れば氏名・住所・生年月日が閲覧可能となる。住民基本台帳は個人情報保護法とは別の住民基本台帳法によって規制されているので行政が個人情報を垂れ流していることが現実に起こっている。

　私がもっとも危惧することは、個人情報保護法の高まりによって、企業が社員を監視することが当然のようになり、今後、採決されるであろう、個人情報漏洩罪によって匿名社会が加速することだ。完全匿名国家になり、宙に浮いた5000万件にも及ぶ年金問題で、社会保障番号制度の導入が検討され住民基本台帳ネットワークが普及すれば国民の個人情報は国家のみが監視することになる。

　この稿は、実際に起きている過剰反応等の現実に即して、過剰反応に適切に対応するにはどうしたらいいのか、個人や企業での対策や匿名社会になった場合の問題点を指摘した。

はじめに

もくじ

はじめに・・・・・・・・・・・・・・・・・・・・・2
個人情報保護法関心度チェックリスト・・・・・・・・・8

第1章　個人情報保護法を理解する・・・・・・・・・・10
1　個人情報保護法の個人情報と適応事業者とは・・・10
2　法律が定める個人情報とは・・・12
3　法律が施行されてもなくならないDMと勧誘電話・・・14
4　電話帳は個人情報保護法に適用されない矛盾・・・16
5　個人情報を流出させた企業の責任について・・・18
6　個人情報保護法による社会的責務・・・20
7　5000人を超えない個人情報を取り扱うには法律関係なし・・・22
8　個人情報保護基本法制に関するこれまでの経緯・・・24

第2章　身近に起きている過剰反応・・・・・・・・・・26
1　JR宝塚線脱線事故後でも過剰反応・・・26
2　学校の緊急連絡網がなくなる・・・28
3　神頼みにも影響している個人情報保護法・・・30
4　全国学力テストと個人情報保護法・・・32
5　教育機関でも起きている過剰反応・・・34
6　個人情報保護法とプライバシーマークとの危険な関係・・・36
7　この法律は権力者の報道隠しに使われている・・・38
8　本人の同意なしで個人情報を提供できる事例公表・・・40
9　名簿業者やDM発送業者の法律回避方法・・・42

第3章　個人情報保護法による企業問題・・・・・・・・・・・44
　　1　個人情報保護法施行により会社員のうつ病患者激増・・・44
　　2　個人情報保護法によって社員が監視される・・・46
　　3　個人情報を流出させないよう社員に懲戒解雇・損害賠償誓約書　48
　　4　エステティック大手の顧客情報漏洩事件一人3万5000円の賠償金・・・50
　　5　過去最悪の最大手印刷会社から個人情報864万人分流出・・・52
　　6　個人情報保護法のために仕事を失った人々・・・54
　　7　個人情報保護法により企業が被害者から加害者に変貌する現実　56
　　8　個人情報を流出させた企業の今後や処分について・・・58

第4章　官にはやさしく民にはきびしい個人情報保護法の実態 60
　　1　国や行政機関での過剰反応・・・60
　　2　懲戒免職の職員を匿名扱いにする国や地方自治体・・・62
　　3　民間に個人情報保護を押しつけて行政が個人情報を垂れ流し・・64
　　4　住基ネットのための法律ではなく民間管理の法律・・・66
　　5　住民基本台帳閲覧と個人情報保護法は反比例・・・68
　　6　個人情報保護法と戸籍法との怪しい関係・・・70
　　7　国家権力によって収集された警察情報流出・・・72
　　8　市職員の目的外での個人情報閲覧は許される・・・74
　　9　政府・地方自治体関係からの個人情報流出での詳細説明は必要ないのか・・・76
　　10　Nシステムと個人情報保護法・・・78
　　11　警察の匿名発表は個人情報保護法で加速されていた・・・80
　　12　行政機関が個人情報を流出させた際の罰則について・・・81

第5章　個人情報保護法によって想定できる被害・・・・・82
　1　警察捜査にも支障が起き犯罪者国家に・・・82
　2　災害発生時の死者が分からなくなる・・・84
　3　不良品回収ができずに死者が増える・・・86
　4　「長者番付」廃止決定で脱税天国「日本」に・・・88
　5　個人情報保護法と傷害事故・・・90
　6　長寿番付も廃止され年金不正受給が増える・・・92
　7　選挙活動では個人情報垂れ流し状態に・・・94
　8　物的証拠が返却される個人情報流出事件が続出・・・96
　9　自衛隊による国民監視と個人情報保護・・・98

第6章　個人情報保護法の課題・・・・・・・・・・・・100
　1　世論調査が成り立たなくなる・・・100
　2　個人情報保護法によって孤独死が増える・・・102
　3　個人情報保護法によってがん難民が激増する・・・104
　4　個人情報保護法に関する世論調査の結果・・・106
　5　権力者に有利に向かってしまった個人情報保護法・・・108
　6　個人情報漏洩罪可決によりあなたも刑務所行き・・・110
　7　ネット自殺と個人情報保護法と通信の秘密との曖昧な関係・・・112

第7章　法律は守ってくれないので自分で守る・・・・・・114
　1　個人情報保護法施行後も名簿業者に顧客データが売られている　114
　2　ごみは個人情報保護法には無関係・・・118
　3　個人情報保護法施行後も懸賞応募は危険・・・120
　4　クレジットカード作成時には個人情報流出に合意している・・・122

5　聞き込みは個人情報保護法と無関係・・・124
       6　法律施行後もなくならないDMはこう対処せよ・・・126
       7　開示請求して自分の個人情報を知っておく・・・128

第8章　企業の存続に必要な個人情報保護知識・・・・・・・130
       1　企業は社員の個人情報を守る必要がある・・・130
       2　商業登記簿は個人情報保護法の適用外・・・132
       3　セキュリティーについて・・・134
       4　社員教育よりも個人意識の問題・・・136
       5　個人情報が流出してしまった際の対策の有無による処罰・・・138
       6　極秘書類とは何かを意識統一させる・・・140
       7　曖昧な記憶が個人情報を流出させる・・・142
       8　パソコンまわりの整備対策が急務・・・144
       9　社員を再教育することが個人情報流出対策の鍵になる・・・146
       10　個人情報保護法対策保険について・・・148
       11　どうなっているの　最近でもこんなにある個人情報流出事件・・150

［付録］個人情報保護法Ｑ＆Ａ・・・・・・・・・・・・・　154
［参考資料］個人情報保護に関する法律・・・・・・・・・　158
おわりに・・・・・・・・・・・・・・・・・・・・・・　174

個人情報保護法関心度チェックリスト

この本をより理解するために、次の項目について○×でチェックして、管理者側における個人情報保護法関心度を分析してください。

1. □セキュリティーポリシーの意味が分からない
2. □セキュリティー情報を集めていない
3. □社員から顧客情報が漏洩しないように指導、教育をしていない
4. □第三者機関の個人情報保護対策認定機関の名称を答えられない
5. □顧客情報を漏洩した場合の対策を考えたことはない
6. □個人情報の管理責任者がいない
7. □顧客情報リストに誰もがアクセスできる
8. □依託先企業に守秘義務契約書などの契約をしていない
9. □顧客情報リストのアクセス状況を監視できるようにしていない
10. □情報機器の持ち出し制限を実施していない
11. □個人情報漏洩保険があることを知らない
12. □ＣＰＯの意味を知らない
13. □経済産業省が発表したガイドラインを知らない
14. □パソコンのデスクトップの「ごみ箱を空にする」操作でデータが消去されると思っている

診　　　断

○が12個以上　：対策なし、危険な状態、刑罰を受ける確率大
○が　8個以上　：関心がない、要注意
○が　4個以上　：関心度大
○が　1個以上　：関心度最大

項目説明

1. 情報に適切なアクセス制御や管理ルールを組織の規範として定めたものをセキュリティーポリシーという。
2. セキュリティー情報は常に最新情報を入手しておく必要がある。
3. 顧客情報が漏洩しないように指導、教育をすることが基本。
4. 「TRUSTe」などがある。オンライン上の個人情報の保護を目的として、アメリカで発足した「TRUSTe」と日本のNPO法人「日本技術者連盟」が提携して個人情報が適切に収集・使用・保護・管理されているかどうか審査・認証を行っている。「TRUSTe」を取得しているということは個人情報の取り扱いについて、世界的な第三者機関（TRUSTe）に安全性を認められたことになる。
5. 顧客情報を漏洩した場合を常に想定し、もしものときに慌てないように処理方法を確立させておくことが必要。
6. 顧客情報などの管理責任者を置くことが基本。
7. アクセス制限をかけてアクセスできる人員を必要最小限にする必要がある。
8. 依託先企業から情報が流出する例も多数確認されている。
9. いつ、だれが顧客情報リストにアクセスしたかを把握できる体制を構築して流出元をたどれるようにすることが基本。
10. パソコンやデータを持ち帰った際に情報が流出する例もたくさんある。
11. 個人情報保護法の施行後、各損害保険会社から個人情報漏洩保険が登場した。
12. CPO【Chief Privacy Officer】個人情報保護問題の統括責任者のこと。個人情報保護法に伴い、組織内でこの役職を設置する組織が増えた。
13. 経済産業省が発表したガイドラインが基本。
14. 消したつもりのデータが消えていないことも情報流出の原因になる。デスクトップのごみ箱にファイルを捨て、それを空にする操作をしてもOSからファイルが見えなくなるだけだ。データそのものはハードディスクに残っている。ファイル復元ソフトを使えば、誰でも簡単に読み出せる。

第1章　個人情報保護法を理解する

1　個人情報保護法の個人情報と適応事業者とは

　個人情報保護法は、**だれもが安心してIT社会の便益を享受するための制度的基盤として**2003年5月に成立、公布されて2005年4月に全面施行された。この法律は、個人情報の有用性に配慮しながら個人の権利利益を保護することを目的として、民間事業者が、個人情報を取り扱う上でのルールを定めている。

個人情報保護法（p.158）の目的：第1条
　この法律は
　　高度情報通信社会の進展に伴い個人情報の利用が著しく拡大していることにかんがみ、個人情報の適正な取扱いに関し、

　基本理念及び政府による基本方針の作成その他の個人情報の保護に関する施策の基本となる事項を定め、

　国及び地方公共団体の責務等を明らかにするとともに、個人情報を取り扱う事業者の遵守すべき義務等を定めることにより、

　個人情報の有用性に配慮しつつ、

　個人の権利利益を保護することを目的とする。

この法律の個人情報とは

　生存する個人に関する情報であって、これに含まれる氏名、生年月日その他の記述等により特定の個人を識別することができるものをいう。性別、個人の身体、財産、社会的地位、身分等の属性に関する情報であっても氏名等と一体となって特定の個人を識別できれば個人情報にあたる。また、生存する個人に関する情報、特定の個人を識別できるものや他の情報と容易に照合ができるものが個人情報になる。

個人情報取扱事業者とは、

　5000件以上の、個人情報を扱っているか、コンピューターなどで検索することができる個人情報データベースを保有して事業活動に利用している事業者。5000件という件数には、従業員の情報も含まれる。

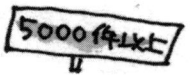

個人情報データベースとは、

　コンピューターで、個人情報を五十音順、生年月日順、勤務部署順など一定の方式によって整理して、容易に検索できる状態のものも含まれる。

　この「個人情報取扱事業者」が個人情報を漏らし、総務省への報告義務など適切な対処を行わなかった場合は事業者に刑事的罰則が科せられる。保有データが5000件以下の場合は、法律の定義によると、個人情報保護法適用事業者から除外され、法律には関係のないものになった。

2 法律が定める個人情報とは

> 法律が定める個人情報とは、生存する個人に関する情報であって、氏名、生年月日その他の記述等によって特定の個人を識別できるもの。

個人情報保護法が施行される前、企業が倒産した場合には、その企業の顧客名簿が名簿業者に売られ、売れた代金は債権者に配分されていた。法律施行後には、このような表立った顧客名簿の売り買いはできなくなった。

個人情報保護法に関する個人情報の要求項目においては、「個人に関する情報であって、個人別につけられた番号、記号その他の符号、画像もしくは音声によって当該個人を識別できるもので、個人を特定し得る情報になる」とされている。

氏名、生年月日、性別、住所

　この四情報は、自治体に申請して許可された場合には住民基本台帳から入手可能な情報だ。これだけでも個人を特定できるもので、個人情報になる。

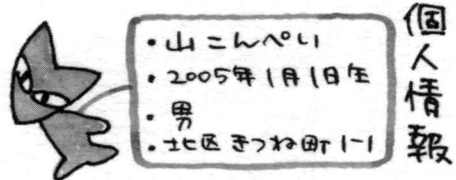

電話番号、勤務先、職業職種、収入、家族構成、学歴、職歴、血液型、既往症、身体特徴、趣味、嗜好などは

　それぞれが単独の情報では個人を特定するに至らない場合でも、他の情報を容易に照合できる場合は個人情報とされる。

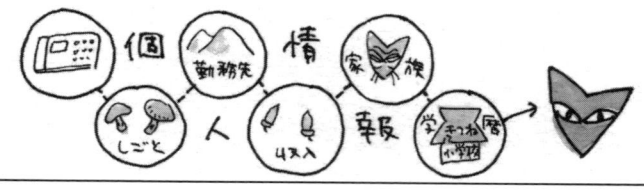

▶例えば、無記名のアンケートをとった場合、そのアンケート結果だけでは個人を特定できないため、個人情報を扱っていることにならない。
▶個人情報保護法では、生存する個人に関する情報となっているので、死者は該当しないが、死者の個人情報から家族やその他の個人情報が推測されると、生存する個人に関する情報になる。

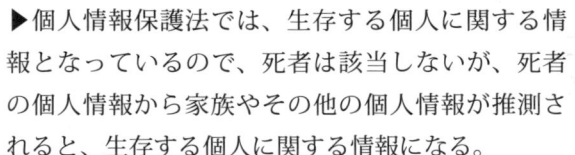

企業（個人事業を含む）における個人情報は、収集蓄積した **5000 人以上の顧客及び従業員に関する情報**で、社員個人が所有している**名刺**や**会議議事録、契約書、履歴書、健康診断書、扶養家族届、給与明細、人事評価記録、出退勤記録**なども含まれる。

しかし、この法律は、「事業の用に供する個人情報取扱事業者」の場合に適用されるもので、単に学校の名簿や趣味のクラブサークルなどは、事業に供しないから、たとえ 5000 件以上の個人情報があっても対象外になるようだ。その境界ははっきりとした指針がなく、どこまでが法律が定めている個人情報なのか判断することが難しくなっているのが現状だ。

3 法律が施行されてもなくならないDMと勧誘電話

現在、個人情報保護法が施行されても一向になくならないのがDM（ダイレクトメール）と勧誘電話だ。

個人情報保護法には、

利用目的による制限（本人に明示した範囲内での利用）、

適正な取得（利用目的の明示と本人の了解を得て取得）、

正確性の確保（常に正確な個人情報に保つ）、

安全性の確保（流出や盗難、紛失を防止する）、

透明性の確保（本人が閲覧可能なこと、本人に開示可能であること、本人の申し出により訂正を加えること、同意なき目的外利用は本人の申し出により停止できること）

などが規定されている。この適正な取得が行われていない可能性もある。

業者が勝手にDMと勧誘電話などのためのデータを取得できないので、DMと勧誘電話は止むはずであるが、私の自宅には今も多くのDMと勧誘電話が来る。

▶私は、勧誘電話の場合には、「どこから入手したものなのか」など出所について必ず確認することにしている。多くの業者から「個人情報保護法に基づいてデータを入手しているので違法ではありません」「住民基本台帳法によって正式に入手したデータです」「そのようなことは答える必要はありません」と、返答されることが多い。

▶名簿業者から違法を知りながら入手した名簿だと推測される。

この法律の成立によって、個人情報を第三者に提供する際には、利用目的を情報主体（本人）に通知し、了解を得る必要が生じた。

▶DMや電話勧誘を目的とした個人情報の売買やそれに準ずる行為を行う名簿業者などは、違法な経営になってしまう。名簿業者は正式な経営活動はできないので、簡単には名簿が集まらない。そのためにテレビ番組の取材をかたって「番組で人探しをしている。卒業アルバムから確認したい」「卒業生で同窓会名簿を作っている」などと、学生や父母を言葉巧みに騙して卒業アルバムの住所録を入手しようとすることが多い。

▶しかし、DMと勧誘電話をする業者を訴えるにしてもこの法律では、個人情報が流出したとされる当事者（個人）が苦情処理機関または当該事業者に訴えない限り、実効性を持たない。電話勧誘業者も出所を絶対に言わないように教育されているので流出先の業者特定が困難になっている。

この個人情報保護法は、政府による監査機能の一切ない法律なので、私達個人の情報を守ってくれるものではない。

この法律は、今まで無法地帯化していた個人情報の取扱いについて国民にもっと関心を持ってもらうことに意義があるといってもよい法律なので、国民の個人情報を完璧に守るものではない。自分の個人情報は自分で守ることを認識して行動する必要がある。

4　電話帳は個人情報保護法に適用されない矛盾

> **個人情報保護法**では、
> **電話帳**は第三者にその情報を利用してもらうために作られているので、違法性はないとしている。

▶タウンページはNTTが発行する業種別電話帳で、ハローページはNTTが発行する五十音順電話帳だ。全てのNTTの電話加入者には、加入地域に対応したものが1冊配布される。タウンページは、電話契約加入時、事務用契約にすると、自動的に電話番号が掲載される仕組みで、インターネット版でも検索が可能であり、自店のPRになるものだ。

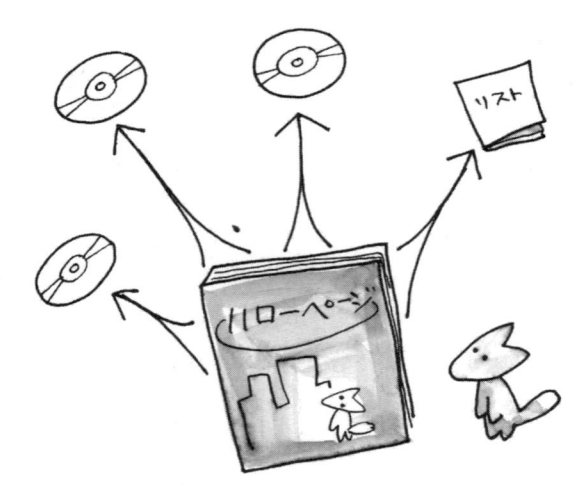

　しかし、**ハローページ**は、タウンページと違い五十音順に氏名と住所、電話番号が並んでいるだけなので、**著作権がないとされている**。

▶複数のメーカーがハローページから個人情報を取り込み**データベース化**したものを市販しているが、電話帳から適正に取得した情報については、あらかじめ利用目的を公表している場合以外は、速やかにその**利用目的を通知して公表しなければならない**。

▶電話帳やCD-ROM電話帳は、氏名、住所、電話番号の個人情報データベースを他の個人情報を付加するなどの編集・加工をしない場合には、その利用方法から見て個人のプライバシーを侵害するおそれが少ないことから、**個人情報取扱事業者の義務規定は適用されない**ことになっているようだ。

過去には、幼稚園児が連れ去られた誘拐事件で、

　犯人がタウンページとハローページを利用して、電話帳欄で最初にあった医師の住民票を取得し家族構成を調べたうえ、医師宅に調査名目で電話し幼稚園名を家族から聞き出していたことがあった。

最近では、はがきで

　「あなたが利用した有料アダルト番組の提供者から、あなたが滞納している利用料金についての御知らせ。未納代金に延滞料金と回収手数料を併せ、期日までに指定口座に振り込め。振り込みなき場合は、自宅又は勤務先まで回収に行く。その際は、回収手数料として、数十万円を加算する」などの身に覚えのない請求書が送りつけられることがあり、これも電話帳から無作為に送付していることが判明した。

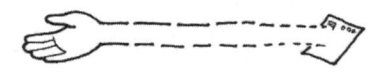

また、人探しにも利用されることがある。

▶地域に居住している同姓宅に片っ端から連絡して「○○さんをお願いします」と親しげに電話をすると、実在しない場合には「そのような人は居ません」と電話を切られるが、両親・兄弟姉妹・親戚の家にかかる場合もある。

▶ストーカーなどにそれをやられて居場所が判明して被害に遭うケースもあった。

　電話帳からも個人情報が流出しているのが現実で、法の改正をしないとこのような犯罪が今後も続くことになる。とりあえず、ハローページは掲載拒否することが可能なので、まだの方は、NTTに連絡して掲載拒否の申し込みを済ませる必要がある。

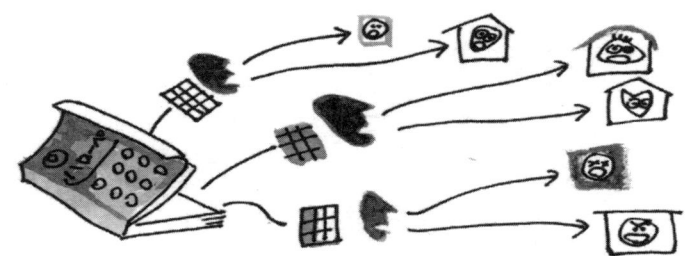

5　個人情報を流出させた企業の責任について

個人情報保護法違反による処分については、
　　委託先や自社の社員が直接流出させた場合も指導、教育を怠ったとして、安全管理措置義務違反となり**担当省庁による、指導・処分あるいは罰則**になるのが現状だ。指導、処分として勧告、勧告前命令等が定められこの命令に違反した場合にはじめて**6ヵ月以下の懲役または30万円以下の罰金に処せられる。**

▶しかし、そのほとんどが「厳重注意」処分を受けているのみで、罰則の対象となった事例はない。

▶個人情報の流出は企業の一員が意図的や不注意によって行うことがほとんどだ。個人情報保護法では、この**個人に対する処罰は行われない**仕組みで、「従業者の不注意で起きた業務上知り得た個人情報を漏らした民間企業の従業員に1年以下の懲役または50万円以下の罰金」という情報漏洩罪や情報窃盗罪という法律案が国会議員の間で検討されている。現行法では、顧客情報流出の際に利用したとされる保存端末の盗難の罪や流出させた企業への脅迫などの罪、威力業務妨害罪等に問われている。

▶個人情報保護法施行後に発生した某銀行での個人情報紛失事件では、金融庁から個人情報保護法に基づく是正勧告によって、銀行に対して「厳重注意」とされた。その他、通信会社での個人情報流失事件では、総務省から「個人情報の適正な管理の徹底を文書により指導や厳重注意」されただけだ。

> 最近の個人情報流出事件の特徴は、
> コンピュータの処理能力の向上や記録媒体の進化によって、**大量のデータ処理が可能になった**ことだ。大量のデータ処理が可能となったために大量顧客情報流出事件に発展し、それがインターネットを含むネットワークとつながることにより、購買履歴などのデータがリアルタイムで蓄積され、**より詳細な個人情報を把握されることが可能となった。**

▶個人情報保護法施行後も個人情報の流出事件が後を絶たず、個人情報の取扱いに対する社会的な不安感は日に日に増大している。デジタルデータ化された個人情報は、紙媒体と比較して複写が容易であり、ネットワーク経由であれば容易に外部に送信可能なので、一度流出してしまったものを完全に回収することは難しい。

▶個人情報を流出させた企業の、最初に考えられる被害は、今まで積み重ねてきた信用の失墜を招くことだ。また、集団訴訟が起きると、多額の費用が必要になってくる。そのために企業は、訴訟が起きる前に、商品券などのお詫び程度のものを事前に送付するようになった。

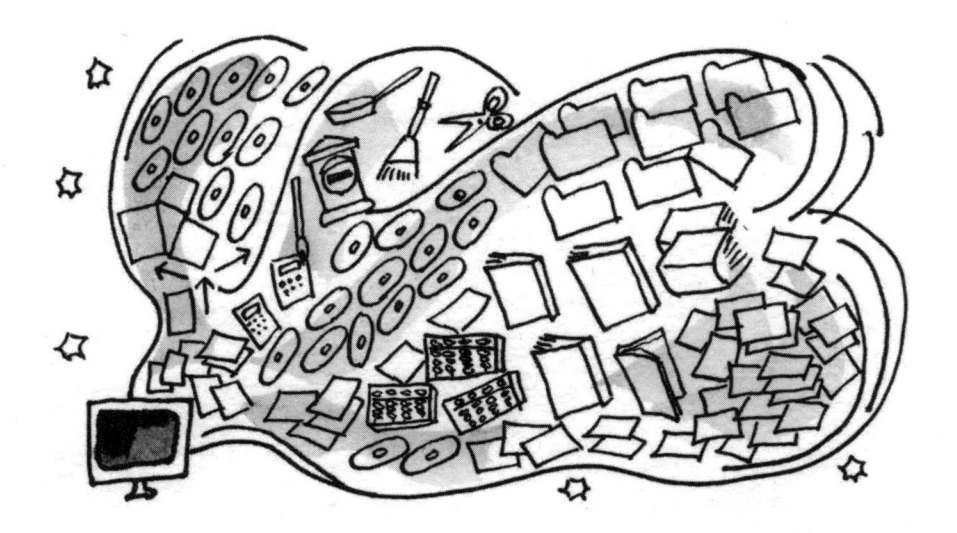

　企業の担当者や経営者は、もっともっと大切に顧客情報や個人情報を扱ってほしい。

第1章　個人情報保護法を理解する

6 個人情報保護法による社会的責務

　個人情報保護法が登場した背景には、個人情報の利用の増加や個人情報取扱いへの社会的不安感の広がりがあり、法律施行前は、何の規制もなく自由に個人情報の収集、売り買いができた。個人情報は金になり、持ち出しても罪にならなかった。法律施行後は、個人情報を流出させた企業は、刑事責任や損害賠償の民事訴訟を起こされる可能性が発生した。

　個人情報保護法施行後の企業の**義務**としては、以下の項目があげられる。
・個人情報を収集する際には**利用目的**を明確にしなければならない
・目的以外で利用する場合には、**本人の同意**を得なければならない
・個人情報を収集する際、**利用目的を通知、公表**しなければならない
・情報が漏洩しないよう**対策**を講じ従業員だけでなく委託業者も**監督**しなければならない
・個人の同意を得ずに**第三者に情報を提供**してはならない
・本人からの求めに応じ**情報を開示**しなければならない
・公開された個人情報が事実と異なる場合、**訂正や削除**に応じなければならない
・個人情報の取扱いに関する**苦情に対し**、適切・迅速に対処しなければならない

　　これらの項目に違反した場合には、6ヵ月以下の懲役または30万円以下の罰金となり、これらの報告義務に違反した場合にも30万円以下の罰金に処せられる。

▶**企業の直接的被害**としては、刑事罰や民事賠償として、過去の判例によると、一人あたり 500 円～ 15,000 円程度の**賠償責任**が発生している。また、間接的損害として、**信用停止による取引き停止**や**受注減**や殺到する問い合わせへの対応などによる業務効率低下が考えられる。

個人情報保護法とプライバシー権：過去の個人情報流出事件の民事訴訟についてのほとんどがプライバシーの侵害として処理されていた。
　プライバシー権とは、
（1）私生活上の事実、またはそれらしく受け取られる恐れのある事柄であること。
（2）もし、公表された立場に立たされた場合、普通の人なら公表してほしくないと認められた事柄であること。
（3）公表によって公表された人が実際に不快感や不安感を生じたこと。
（4）一般の人に知られていない事柄であること。

▶基本的に個人の**容姿**、信仰、収入、**離婚暦**などの個人情報が流出しない限り、**プライバシー権を主張することは難しかったが**、**個人情報保護法**では**住所**、**氏名**だけで個人が特定でき、その情報は送りつけ商法や振り込め詐欺などの被害を発生させることがあるので、企業に対して、刑事責任や損害賠償の民事訴訟を起こすことが可能になった。

7　5000人を超えない個人情報を取り扱うには法律関係なし

個人情報保護法は5000人以下であれば、適用除外になるが、
　個人情報には顧客に関する情報はもちろんのこと、取引先の情報、従業員に関する情報なども含まれる。

　▶例えば、個人データや顧客データが4900人の事業者と社員200名が在籍している企業が取引したと仮定した場合には、その事業者の従業員や取引先のデータなどを加算することによって
5000人を突破してしまい、この場合には
適用除外にはならない。

5000人を超える個人データや顧客データを持たない企業に対しては、規制の対象外となっているが、適用事業者と同様の対策を講じるようにという努力義務になっている。

適用除外には、
　放送機関、新聞社、通信社、その他の報道機関、著述を業として行う者、大学その他の学術研究を目的とする機関若しくは団体又はそれらに属する者、宗教団体、政治団体などがあり、その活動目的に供する個人情報は適用除外になっている。

▶しかし、5000人以下のデータを扱っている個人情報保護取扱事業者に該当しない事業所でも法律には関係ないものの、データを漏洩させれば、**社会的信用が失われ、ブランド価値の喪失、顧客離れ**などがおこり事業経営や今後の存続に重大なダメージを与える。また、損害賠償請求される場合も否定できない。

▶たとえ5000人以下でも**東京都の条例**では責務を定めることになり、助言、勧告などを受けると、勧告事実情報などが公表されることになっている。また、対策を怠れば、条例によって処罰され、企業の社会的信用も失うことになる。

▶また、千葉県某市の教育委員会は、小学校2校の卒業生や在校生の個人情報がファイル交換ソフト**ウィニー**を通じて流出した事件によって、関与を認めた小学校の男性教諭(34)が自殺したことを明らかにした。人数的には、当然、5000人以下であり、ことの重大さに残念な気がした。(2007年6月)

　将来的には、5000人が1000人ほどに引き下げられる可能性も否定できない。現行法で5000人以下の個人情報保護取扱事業者に該当しない事業所であっても関心を持つ必要がある。

8 個人情報保護基本法制に関するこれまでの経緯

(首相官邸より発表された内容を要約)

1980. 9. プライバシー保護と個人データの国際流通についてのガイドラインに関するOECD理事会勧告

> 1970年代から、先進国ではコンピュータ化の加速に伴い、コンピュータで扱われる個人情報を保護する必要が主張されるようになった。
> 1980年OECD(経済協力開発機構)では「OECD8原則」を示す理事会勧告を採択し、加盟国の日本もこれに賛成した。その後1995年EU指令が出され、第三国への個人情報の移転はその国が十分なレベルの保護措置を講じている場合に限られるものとした。

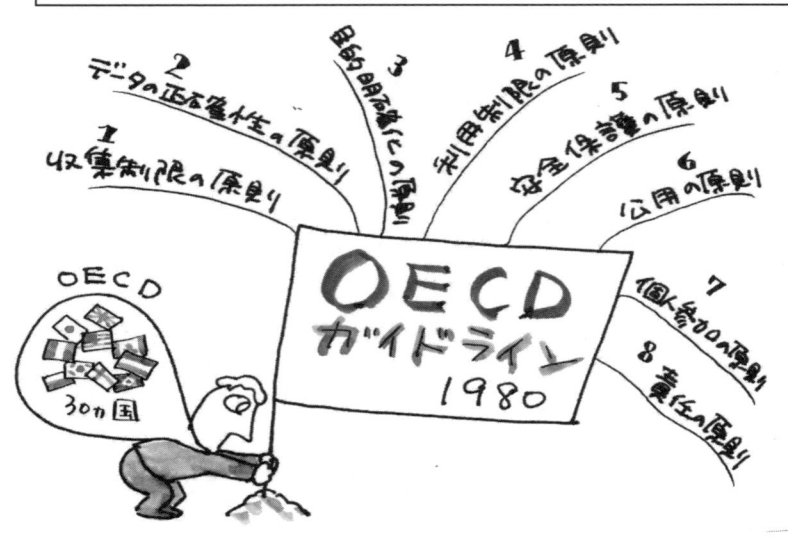

(図: OECDガイドライン1980 — 1. 収集制限の原則、2. データの正確性確保の原則、3. 目的明確化の原則、4. 利用制限の原則、5. 安全保護の原則、6. 公開の原則、7. 個人参加の原則、8. 責任の原則 / OECD 30カ国)

1993. 12. 16 「行政機関の保有する電子計算機処理に係る個人情報の保護に関する法律」公布
1999. 6. 28 総理答弁(参議院本会議:住民基本台帳法一部改正法案質疑)「この法律の施行に当たっては、政府は、個人情報の保護に万全を期するため、速やかに、所要の措置を講ずるものとする。」
7. 23 高度情報通信社会推進本部「個人情報保護検討部会」初会合
11. 19 個人情報保護検討部会「我が国における個人情報保護シス

	12.	3	高度情報通信社会推進本部決定「我が国における個人情報保護システムの確立について」個人情報保護検討部会中間報告を最大限尊重し、我が国における個人情報保護システムの中核となる基本的な法制の確立に向けた具体的検討を進める。
2000.	2.	4	高度情報通信社会推進本部「個人情報保護法制化専門委員会」初会合
	6.	2	個人情報保護法制化専門委員会「個人情報保護基本法制に関する大綱案（中間整理）」
	10.	11	個人情報保護法制化専門委員会「個人情報保護基本法制に関する大綱」
	10.	13	情報通信技術（IT）戦略本部決定「個人情報保護に関する基本法制の整備について」「個人情報保護基本法制に関する大綱」を最大限尊重し、次期通常国会への提出を目指し、個人情報保護に関する基本法制の立案作業を進める。
2001.	3.	27	「個人情報の保護に関する法律案」提出（第151回国会）
2002.	3.	15	「行政機関の保有する個人情報の保護に関する法律案等4法案」提出（第154回国会）
	12.	6	「与党三党修正要綱」公表・与党三党としては、政府原案に対する修正方針を取りまとめ、政府に提示し、法案の次期通常国会への再提出を求めることとした。
	12.	13	「個人情報の保護に関する法律案」等審議未了廃案（第155回国会）
2003.	3.	7	「個人情報の保護に関する法律案」等再提出（第156回国会）
2005.	4.		完全施行

　日本の個人情報保護法は、OECD勧告、EU指令を受けたものだが、直接の契機は住民基本台帳ネットワーク稼働であった。また、宇治市ほか多数の個人情報漏洩事件が起こっていた。

第2章　身近に起きている過剰反応

1 JR宝塚線脱線事故後でも過剰反応

JR宝塚線脱線事故で、多くの搬送者の生死やけがの程度や搬送された病院名が、家族や関係者に個人情報保護の観点から全く公表されなかった。

▶兵庫県警の扱いは、遺族が了解した死者のみ実名発表が基本であると報道された。その後もこのような緊急性を要する事例での個人情報隠しが行われていた。

　2006年4月9日、午後6時5分頃、鹿児島県佐多岬沖で、種子島から指宿を経由して鹿児島に向かっていた高速船が何らかの物体に衝突し、多数のけが人がでる事故が発生した。

▶翌日の実況見分によると船尾右舷側の船底の角に、長さ約190センチ、幅約30センチ、深さ約6センチの凹みが確認された。また、船尾側の水中翼支柱3本のうち、真ん中のパネルが欠落していた。海上保安庁発表によると乗船者110人（うち乗客104人、乗員6人）全員が負傷、うち27人が重傷。負傷者は指宿市・鹿児島市内の病院に運ばれ、船長と乗客35人が入院した。事故発生の9日深夜から翌10日未明にかけ、少なくとも約80人の負傷者が、指宿市と鹿児島市の十数ヵ所の病院などに運ばれた。

▶鹿児島海上保安部は、負傷者が到着した二つの港で負傷者の氏名や搬送先などの概要をまとめて**各医療機関**に電話で確認したが、「**個人情報保護の観点から電話では言えない**」「**個人情報にかかわることは言えない**」と大半は断られ、捜査が難航していた。

「鹿児島海上保安部によると、すべての搬送先に海上保安官を派遣、海上保安手帳を提示して身分を明らかにした上で、ようやく人数や氏名、負傷の程度などを確認でき、負傷者情報の取りまとめには最終的に 4 日を要した」と報道されていた。

厚生労働省のガイドライン（指針）の事例集では、「医療機関は災害発生時などに捜査機関の照会に対し、負傷者の住所や氏名、負傷程度などを答えられること」になっているが、JR 宝塚線脱線事故後にも問題になったことが再発した結果で、この事故でも明らかな**過剰反応**と指摘できるのではないだろうか。このことから、大規模災害事故が発生した場合には、多くの負傷者情報が提供されずに医療体制の充実なども図れなくなりパニック状態に陥って、さらに国民の命や健康をおびやかすことになりかねない。また、メディアは取材・報道できない状況に陥る。個人情報保護法の拡大解釈や過剰反応がもたらした教訓を生かして、公的機関の情報秘匿が広がる危険性を考え直してみるべき事例であった。

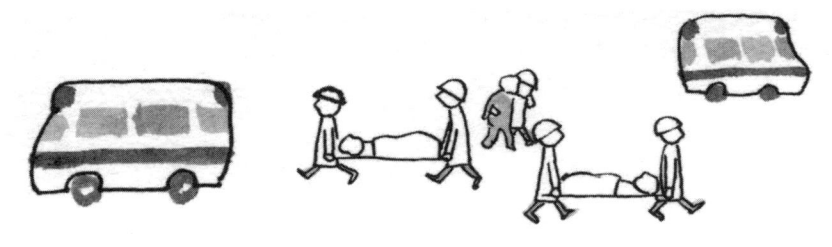

2　学校の緊急連絡網がなくなる

> 日本私立小学校連合会が、
> 緊急連絡網を作成できないなど、必要な情報さえ共有できない過剰反応が現場で起きている、と内閣府に報告した。

▶私立小では公立小に比べて児童が広い範囲に居住しているために緊急時の連絡網が重要な役割を果たすことになる。小学校などの教育機関で緊急連絡網がなければ不審者や変質者情報などの緊急問題が発生した場合に各生徒宅に連絡されないまま生徒が登校する可能性もある。

▶大阪市内の小学校で、連絡網への掲載について、保護者に諾否を問う手紙を送付したところ、約半分ほどの保護者から掲載拒否を受けたため、緊急連絡網が廃止された。その保護者の一人は個人情報保護の高まりから、とりあえず拒否すればいいだろうと、安易な気持ちで回答していたという。

▶最近では、クラス名簿を廃止する他、作品展示の名前を授業参観時に消す、下駄箱の名前を隠す、という学校も増えている。

　個人情報が流出して子供が被害に遭う事件が発生する可能性も100％ないわけではないので、理解できる。確かに緊急連絡網の名簿が外部に流出して各種勧誘などの電話が掛かってくることもある。しかし、生徒の安全、安心のために緊急連絡網は廃止してはいけない。

私の子供が通っていた小学校でも連絡網は廃止された。親としては子供が友達の家に遊びに行った際、帰りが遅くなった場合には住所や連絡先の把握は必要ではないだろうか。
▶近隣小学校に問い合わせた結果「昨年度も連絡網は作成して配布していましたが、政党に所属している保護者の方が選挙活動に利用されて他の保護者からお叱りの電話があったので、**仕方なく連絡網は作成していません。**不便なので、ＰＴＡの役員が独自に作成しているクラスもあります。しかし、**共働き家庭**が多くなり、連絡網では時間がかかり確実に伝わらないケースが多くなりました。」とのことだ。また、保護者名付きの連絡網では、母親が保護者になっているケースが昔より随分増えている。それから推測すると、その家庭は両親が離婚した可能性が高く「○○ちゃんの家庭は親が離婚した」と言われていじめに遭う可能性も否定できないが、連絡網は大切だ。

　緊急的な連絡のみに利用することを保護者が認識して、連絡網作成が困難であった場合には、連絡の順番だけを印刷しておいて電話番号は前後の生徒のところだけ事前にメモしておいて連絡したり、メールで学校側から一斉送信するようなシステムにするなど、**知恵を絞る必要がある。**
　あなたのお子さんが変質者に絶対に狙われないという保証はない。今まであるのが当たり前だった連絡網。個人情報保護法によって、数年先、各学校に連絡網自体がなくなり、変質者や不審者に狙われる日が来るだろう。

第２章　身近に起きている過剰反応

3　神頼みにも影響している個人情報保護法

　朝日新聞関西版に「恋の願いも個人情報？」という記事が報道されていた。内容を要約すると、下鴨神社（京都市左京区）境内に、2本の木が途中で1本に結ばれた縁結びの神がまつられる神木があり、周囲に恋愛成就を願う絵馬が数百枚つるされている。

　その絵馬のほとんどが「えんむすび」と書いたシールで願い事が隠されていた。

▶この神社では個人情報保護法が施行された2005年春ごろから、縁結びの絵馬（500円）を買った人に絵馬の大部分が隠れる縦約6センチ、横12センチのシールを渡している。貼るかどうかは個人に委ねられているが、その絵馬のほとんどにシールが貼られている。**個人情報保護法**が施行されたために神社が自発的に始めたサービスだ。他の神社にある、ほとんどの絵馬には願い事などのほかに名前や中には住所まで書かれているものもある。

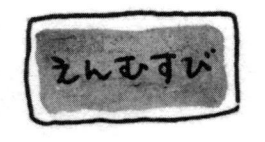

　絵馬は、祈願または報謝のため社寺に奉納するもので、生きた馬を奉納する代用としてかつては馬の絵が描かれた。私自身もこの記事が出るまでは、神社の絵馬について何も気にすることがなかったが、その後、神社に行くたびに注意して見てみると、確かに願いごとのほかに住所や名前が記載されているものもあった。

しかし、神様は、そのような個人情報を記載しなくても願いごとを分かってくれるものではないだろうか。確かに他人に見られるとはずかしいことやその個人情報からストーカー、送りつけ商法、いやがらせ、恐喝などの犯罪に巻きこまれる可能性も否定できない。

▶神社側に確認したところ、「ほとんどの方がシールを利用されています」とのことで、絵馬にも個人情報保護法の反動が来ていることが伺えた。別の神社の絵馬には、恋人募集の掲示板のようなものから明らかに落書きであるようなイラストなどの記載もあった。このようなことをしていれば神様は困ってしまうのではないだろうか。

▶神戸にビーナスブリッジという場所がある。ここは、週末になると数多くのカップルが集まる神戸では有名な夜景デートスポットだ。そこには、永遠の愛を誓う「愛の鍵モニュメント」が設置されており、たくさんの南京錠が二人の気持ちを書いてかけられている。ごく一部だが、名前がフルネームで書かれているものもある。

神社の場合もそうだが、これらのことは自己責任の世界で、個人情報保護法の除外規定とする必要があるだろう。
　神頼みにも個人情報保護法が問題になっていた事例である。

4 全国学力テストと個人情報保護法

　全国学力テストとは「全国学力・学習状況調査」で、全国の**小6、中3**の児童生徒を対象に文部科学省が実施する学力調査の一部で、2007年度は、4月24日に実施された。中3では、解答用紙に**出席番号**を、小6では**氏名**を記入することになっていた。

▶不参加を表明している市もあるので、報道では「**99％の全市区町村で行われた**」と記されていた。教科テストの解答用紙には、驚いたことにアンケート方式で、**心身の状況、家庭関係**などの個人情報を収集する項目もあり、一部の団体が個人情報保護法に違反しているとして、裁判所に学力テストの中止を求める仮処分を申請した。

▶民間事業者を対象としている個人情報保護法では、同意がない個人情報の収集は法律に違反する。本件については、**行政機関等個人情報保護法**によるもので、**利用目的を公表する義務**に焦点が向けられる。文部科学省では、「全国的な義務教育の機会均等と水準向上のための学力学習状況の把握・分析と、各教育委員会、学校等が全国的な状況との関係で教育の成果と課題を把握」と、利用目的を明確にしているので、行政機関等個人情報保護法の規定の範囲内であることを主張している。

　しかし利用目的の同意については、各保護者に同意を得るシステムではなく一方的に行っている。これは、個人に同意を得られずに強行した住民基本台帳ネットワークシステムと同じようなことではないだろうか。

▶また、学力テストの結果については、**利用・保管**に関して行政機関個人情報保護法が適用されるので、流出がないことは当然のことであり、適切な管理を遂行する義務も発生するが、本当に大丈夫なのか。文部科学省では「調査のうち一部の業務(調査問題の発送・回収、調査結果の採点・集計、教育委員会及び学校等への提供作業等)については、確実な業務遂行、迅速かつ客観的な採点の実施、学校等への負担軽減等の観点から、**民間機関に委託**することとしています」と民間委託する方針で進行している。

　この場合には、民間事業者を対象としている**個人情報保護法**が適用になるのではなかろうか。

　個人情報保護法と行政機関等個人情報保護法との違いが大きすぎるので、両法律について統合させるような見直しも必要に迫られる。

　学力テストは仕方ないことだが、個人の私生活にまで踏みこんだアンケート調査内容は削除する必要がある。

　やはり民には厳しく官には甘い法律のような気がする。

5　教育機関でも起きている過剰反応

> 教育機関では学生の自己紹介ができないようになりつつある。

▶私自身、今まで大学、短期大学、専門学校などで、教員、非常勤講師、特別講師をしたが、最初の講義時には学生に自己紹介をさせることをカリキュラムに組み込んでいる。

　私の教えている講義はマーケティングリサーチで、フィールド調査時にはグループごとに行動するので、コミュニケーション能力が重要になり、お互いに相手のことをよく知った上で、グループを組むことになる。よって、自己紹介は、カリキュラム進行上大切な項目の一つであった。

　しかし、個人情報保護の高まりから「自己紹介を控えるように」と通達した学校があった。

　理由を確認したところ「最近の生涯教育の高まりから一線で仕事をしていた人が退職して、大学、短期大学、専門学校などで学び直すことが増えるようになりました。定年退職した人の入学者数も増えました。以前、その学生からクレームが入りました。年をとっている人はまわりから『何をしている人だろう。この年でどうして学校に来るのだろう』と、他の学生が興味を示します。現役の学生では、出身地と趣味、出身高校を話す程度ですが、年配者は、それぞれの生い立ちを話さなければなら

ない状況になります。何も自己紹介しないとみんなに嫌われるのではないか、評価に響くのではないか、勉強と自己紹介は別ではないかと、相談に来られました。その学生は、暗い過去があるので、自分の生い立ちを話すと、その暗い過去を思い出し、出身地は他国なので正直に言うと違った文化に育った人のように見える、と訴えがあったので即刻やめてほしい」とのことだ。

　よって、仕方なく、自己紹介をしないカリキュラムを組み直した。

▶また、学生簿を配布しない学校もあった。ビジネスの世界でも名刺交換をしてお互いの名前を覚えることからはじまるが、学生の名前を全く覚えることができずに授業が進行する場合もある。

　私自身、より良い授業をするには、どのようにしたらいいのか議論して学会にて、毎年、企画教育についての発表をしている。学生の趣味や志向などの情報をもとに一人一人に的確な指導をするように努力しているが、個人情報保護の高まりから残念なことになってしまった。

▶匿名教育社会が行き過ぎると、情報交換やコミュニケーションが容易にとれなくなる恐れもある。

　リポートの成績や出席状況を学生に分かりやすいように黒板に書く教員に対しては、成績や出席状況という個人情報を本人に無断で他の学生に提供することを禁止にしたり、学内掲示板で個人名を掲げて学生を呼び出すのをやめて学生番号だけにする学校も出てきている。

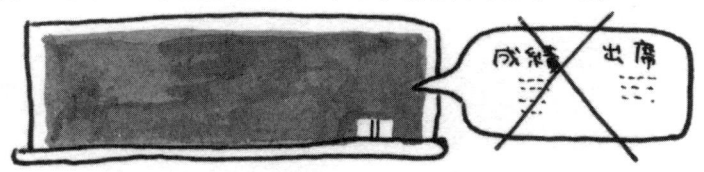

　個人情報保護の高まりが純粋なはずの教育機関にも影響を与えていることが伺える。

第2章　身近に起きている過剰反応

6　個人情報保護法とプライバシーマークとの危険な関係

　個人情報保護法が施行されたのに伴い、個人情報を適切に管理している「お墨付き」と言える**プライバシーマーク（Pマーク）**を申請する企業が激増し、交付数も急増している。

プライバシーマークは
　経済産業省所管の財団法人「**日本情報処理開発協会**」（JIPDEC）が審査・付与している。私が確認した結果、数人の役員が経済産業省・通産省出身者で占められていた。このことは、この指定機関が天下り先にもなっていることを裏付けるものではないだろうか。その役員に支払うためなのか法律施行後の審査料が約2倍に値上げされた。
　プライバシーマークを取得するために必要な改訂後の**料金**は、
　　　　小規模事業者が30万円（改定前15万円）、
　　　　中規模事業者が60万円（同30万円）、
　　　　大規模事業者が120万円（同60万円）になった。
同時に2年ごとに必要となる**更新料金**も値上げされた。更新費用は
　　　　小規模事業者が22万円（改定前15万円）、
　　　　中規模事業者が45万円（同30万円）、
　　　　大規模事業者が90万円（同60万円）と、約1.5倍になった。
審査する職員の旅費や宿泊費についても別途負担することになっている。

▶事務局に確認したところ「プライバシーマークの普及のため、低価格でサービスを提供していましたが、申請が予想に反して激増したので、事務管理作業や審査作業などの実務が人的にまかないきれなくなったためです。役員の給料については、コメントする必要はありません」とのことだ。

▶個人情報保護法施行を受けて、企業間取引条件にプライバシーマーク取得を条件にする自治体や企業もある。

▶しかし、実際に取得するには、改訂後の取得費用だけではなく**コンサルタント料**も必要な場合が多い。中小企業は外部コンサルタントの研修を受けたりノウハウを学んだりしながら手続きを進めることが多いからだ。外部コンサルタント会社に依頼する場合の平均金額は、中小企業なら200万円前後、大企業だと1000万円前後かかることもある。

また、中小企業では、取得だけが目的で、継続的なコンサルティングを求めずに手続きや処理を全てまかされる場合も多々あるが、その場合は500〜600万円ほどになるらしい。しかし、このような企業は、今後の対策について無知なので、取得したとしても2年ごとに維持することが困難になってくる。取得時の安全基準は満たすが、このまま取り扱い基準を満たした安全な状態で維持できる可能性は少ない。

▶たとえプライバシーマークが取得できたとしても、その企業が規定を無視して個人情報を漏洩した場合には、「日本情報処理開発協会」のホームページ上で、2年間さらしものになることもある。

プライバシーマークを取得するには多額の費用が必要で、その費用は天下り先に入る仕組みになっているのが現実だ。

記憶に新しい864万件という過去最大の個人情報が流出し、プライバシーマークも既に取得していた大日本印刷に対しては6ヵ月の監察期間を設けて改善命令を出して指導をしただけになっている。日本情報処理振興会に確認したところ「取り消し5、勧告・要請4、厳重注意3、文書注意2、処置なし1と5段階にて審査しています。過去に取り消しになった企業は1社だけで、大日本印刷については取り消しをしていません、改善されたと認められる場合には取り消しは免れることになっています」とのことで、取り消し処分が非常に少ないのも不思議だ。

7　この法律は権力者の報道隠しに使われている

　取材対象の権利保護、裁判での公正性、国家機密の保持などの場合には、**取材の自由**が制約を受けるが、個人情報保護法施行により更に制約を受ける結果がでてきている。

▶広い意味での「報道とは」を辞書で調べると「新聞・ラジオ・テレビなどを通して、社会の出来事などを広く一般に知らせること」とされている。また、報道の自由に伴う自由な取材も必要だ。
　この法律は政治家や官僚といった権力の強い人物がスキャンダル報道を規制するための法律ではないだろうか。政治家や官僚などの事件についても多くが報道されてきたが、それは、自由に取材できる体制が確立していたからではないか。
▶**報道機関**に対しては、新聞、テレビ等の報道機関、著述を業として行う者などの著述業者や個人のジャーナリスト等も含めた者が個人情報保護法の**適用除外**対象になっている。
　特に個人で活動しているジャーナリストについてはどこまでなら良いのかを決定するのは**主務大臣**になっている。主務大臣が報道目的でないと判断すれば、表現、報道行為を差止めることになり、これに従わない者は処罰されることもある。その主務大臣は権力を持っている人物であることは言うまでもない。

▶また、個人情報保護法での**「報道の定義」**が曖昧になっている。「不特定かつ多数の者に対して客観的事実を事実として知らせること（これに基づいて意見又は見解を述べることを含む）」となっている。あまりに抽象的すぎて何を根拠にして定められたのか、もっとはっきりとさせる必要があり、結果的に、報道、表現の自由が抑圧されることは言うまでもない。確かに最近では大きな事件などの後で、加害者の生い立ちなど、過剰な報道がプライバシーの権利を侵害したり、実名報道された加害者側が裁判の結果、無罪判決になったこともあったが、それは警察発表に基づいた報道であり、マスコミのみの責任ではない。

　毎日のように多方面で起きている多くの社会問題を追求、取材しているフリージャーナリストがこの法律によって潰されていくことは国民にとってもマイナス要素になる。

　個人情報保護法は、個人情報を守る法律も必要とのことで施行されたが、住基ネットと一体化して国家が個人情報を一元管理することになり、その実際の法律は国や官僚、政治家には甘く、民間や個人には厳しいものになっている。

　残念だが、個人情報保護法は「権力のある人の人権や個人情報を守るには最適な法律」となってしまった。

第2章　身近に起きている過剰反応

8 本人の同意なしで個人情報を提供できる事例公表

　2005年4月に全面施行された個人情報保護法に対する誤解などが原因で、必要とされる個人情報の提供が行われないなどの「過剰反応」が多数確認されることに伴って、内閣府や総務省など15省庁でつくる政府の「個人情報保護関係省庁連絡会議」は、本人の同意を得なくても個人情報を提供できる主な事例を公表した。

本人の同意を得なくても個人情報を提供できる主な事例
（1）警察や検察による刑事訴訟法に基づく医療機関への捜査照会。
（2）振り込め詐欺に関連して弁護士による弁護士法に基づく金融機関への照会。
（3）大規模災害や事故などに際して家族らから医療機関への安否確認。
（4）欠陥家電製品を回収するためにメーカーによる家電販売店への顧客名簿の提供要請。
（5）学校における緊急連絡網をあらかじめ保護者の同意を得る等して、作成・配布。

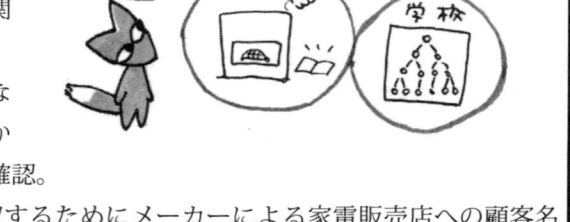

▶上記に応じることは、人の生命・安全にかかわるものなどとして「問題ない」と例示された。

　しかし、これらの「問題ない」と例示された個人情報やデータも、**流出**させてしまえば当然、訴訟問題になり、高い賠償金を支払う場合や個人情報保護法に違反する恐れがあるので、いくら「問題ない」とされた個人情報やデータも管理方法次第では大変なことになることは言うまでもない。

▶この「問題ない」事例の（1）（2）（4）に関しては社会通念上理解することができるが（3）については「家族から」とあるが、わざわざ家族であることの証明を受けることが容易でないことや簡単になりすましが可能になってしまっている社会では家族と認識する方法は難しい。

JR宝塚線脱線事故では、当時、負傷者が搬送された一部の病院が、個人情報であることを理由に、意識不明患者の特徴などをJR西日本などに提供しなかったことが記憶に新しい。また、自治体が、見舞金の支払いや安否確認などのため、JR西日本に負傷者の名前や連絡先について情報提供を求めたところ、個人情報保護法の規定を理由に拒否されたこともあった。**個人情報保護法**では、あらかじめ**本人の同意**を得なければ、**第三者**に個人データを提供できないと規定されている。

　病院側から見れば、患者の家族も、患者の勤務先の会社も、事故の当事者であるJR西日本も「第三者」には違いはなく、意識不明の相手から同意を得るのも不可能になるので混乱してしまった。

　厚生労働省は、**第三者提供の例外**として、**人の生命・身体または財産の保護に必要で、本人の同意を得ることが困難な場合**を挙げているが、民間では委託先の情報管理責任にも提供元責任がある。JR西日本が負傷者情報を第三者に提供し、結果的にこの提供した情報が流出した場合は、提供元には何らかの責任が発生する可能性も否定できない。

　病院側の主張も理解できるが、個人情報保護法の本人同意なしの規定を市民に広く知らせておく必要もある。

9　名簿業者やDM発送業者の法律回避方法

　個人情報保護法の施行により、住民基本台帳の閲覧が厳しくなり法律施行前より、マーケティング活動のための個人情報収集がやりにくくなっている。

　名簿業者は5000人以上の名簿については個人情報保護法の規定により買い取ることや不正な手段で入手した名簿を購入すること、本人の同意がないままに個人データを第三者に提供することは禁止された。よって、名簿屋は実質上、営業することは困難になった。

法律施行後も営業している名簿業者の主張
・第三者に販売することを事前に**承諾を得て**集めて作成された名簿を販売している。
・個人から購入した名簿については、**古書**として扱っており、個人情報そのものの売買を業としているわけでないので法律に違反していない。

DM委託発送会社の主張
・送付先本人が広告を受け取ることを承諾して集められた名簿から発送している。
・DMを依頼された企業や個人には発送先の名簿を渡すことはない。全く個人情報保護法に違反していない。

▶このように主張している。しかし、よく考えてみると、名簿業者が第三者に販売することを事前に承諾した人々の名簿やDM委託発送業者の本人からの広告を受け取ることを承諾して集められた名簿が実在するのだろうか。再度、両社に取材の申し込みをしたところ、名簿業者は「名簿は個人情報なので、あなたに見せることはできません。だから取材などは受けることはできません」とのことだ。

▶DM委託発送業者は「個人情報利用目的にて本人からの広告を受け取ることを承諾することを記載しています。取材は受けることはできません。○○のホームページを閲覧してください。それを閲覧していただければすべて分かりますよ。今後、連絡しないでほしい」とのことで、指定されたサイトを閲覧したところ、旅行業者が開設したと思われる**旅行懸賞サイト**で、その懸賞応募による個人情報利用目的が列記されている。

利用目的：当社が取得（懸賞による取得を含む）する個人情報及び当社が保有する保有個人データの利用目的は、次のとおりです。

- ◎ 当社におけるサービスの提供、<u>DMによる情報提供</u>、その他それらに付随する諸対応
- ◎ 会員制サービス提供のための管理・運営、その他それらに付随する諸対応
- ◎ 当社及び当社と提携する企業の商品やサービス、キャンペーン等に関する<u>情報のご送付・ご案内</u>
- ◎ アンケート依頼、市場調査・顧客動向分析その他経営上必要な分析を行うための基礎データの作成、統計資料作成及びその公表
- ◎ 懸賞の当選のご本人通知、賞品・謝礼の提供、イベントの企画・運営に関する諸対応
- ◎ 他旅行会社、他運輸機関、他宿泊施設、他観光施設、通信事業者、保険会社等からの<u>受託業務（代理店業務等）</u>の遂行のための情報提供

確かにDM委託発送業者の主張は正しいものだと裏付けされることができた。法律が施行されても懸賞ブームにはかげりがない。懸賞される方は、このような利用目的を読まずに懸賞に応募していることが伺える。

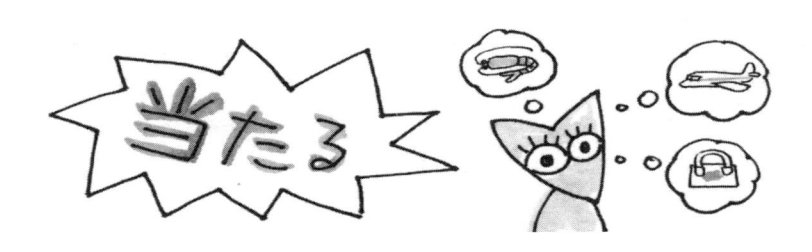

名簿業者やDM委託発送業者もあの手、この手で生き残るために少しあくどいことをしていることが判明した。あなたは、このことを知らずに懸賞に応募しているのではないか。懸賞に応募する前に、もう一度、落ち着いて利用目的を確認してほしい。また、懸賞と告知して当選者を出したように装って個人情報だけを収集する悪質業者もある。

あなたはそれでも懸賞に応募するのか。古書や第三者に販売することを事前に承諾を得た名簿は現在でも売り買い及び流通していることは言うまでもない。

第3章　個人情報保護法による企業問題

1　個人情報保護法施行により会社員のうつ病患者激増

　私が開設している「情報110番．ＣＯＭ」(http://joho110.com/)に1通のメールが届いた。

> 　保険業界で管理職の仕事をしている52歳男性です。個人情報保護法をうけ、何度も研修を行ったのですが、部下の情報管理がずさんで、顧客資料を机の上に出したまま帰宅したり書類の持ち出し禁止も守られていません。一度、書類のシュレッダー処分を忘れてごみ箱に捨てていたことが社内監査時に判明して、私が管理不充分として処分を受けました。
> 　個人情報を扱っている重要性についても話しをしていますが、なかなか改善されず、それから私一人で、シュレッダーや書類持ち出しのチェックなどの仕事を抱え込むようになっていました。最近は夜も眠れなくなり病院で受診したところ、うつ病と言われて通院しはじめ仕事も辞めました。個人情報保護法のために労災申請しようと労務局に相談したところ、笑われました。もう自殺したい気持ちです。

> 　個人情報保護法の全面施行に伴って、企業や官公庁の情報管理システムの運用などを請け負う情報サービス産業界で、**社内の監視強化**によって従業員が**ストレス**を訴えるなどのケースが増えている。（内閣府国民生活審議会個人情報保護部会での「情報サービス産業協会」からの報告）

▶個人情報保護法施行後、顧客の情報安全管理についての意識が向上し、投資も増えた一方、同協会の会員企業が、個人情報に関連するトラブルの一切の責任を持つよう求められることが多くなり、また、仕事の負担増や情報流出を防ぐためのモニター設置など社内監視が強化されたことでストレスを訴える従業員が増加。医師の診療を受けたケースもある。心の健康の維持が必要な従業員が増え、「個人情報を流出させた」などの事実無根の嫌がらせを受ける例も報告されている。

▶現行の法律では、個人情報を流出させた従業員個人ではなく、会社や個人情報保護担当者が処罰の対象になる。今、国会で施行案が検討されている個人情報漏洩罪や個人情報窃盗罪等は成立してないので、個人的には刑事責任は免れる。だから、従業員個人よりも経営者、個人情報保護担当者、責任者が厳しく処罰され、従業員の監視を強化するに至っている。社員の電子メールの内容を把握することはあたりまえの時代になってしまった。

今後は、よい企業を目指すためにも個人情報を扱うことの重要性を指導し、従業員全体で個人情報保護問題に取り組み、明らかに故意に情報を流出させた個人には罰則を設けるなどしないと、担当者や経営者の自殺やうつ病が増えることが考えられる。一体、この法律の施行により何人の人が自殺やうつ病発病、または、退職に追い込まれたか。今後、政府は社会的責務として正確な統計を出す必要がある。

2　個人情報保護法によって社員が監視される

> 　個人情報保護法施行によって、大きく変わったことは、会社が社員を監視することだ。その代表は、電子メールの監視が日常になったことだ。

　米国のほとんどの企業では既に電子メールを監視しているが、日本国内でも個人情報保護法が施行後、その数は急激に伸びた。日本でも情報化社会に移行して、電子メールが普及し、ビジネスにまで利用されることが当たり前になった。業務とは関係ない私用メールの利用や、業務用の電子メールで無意識のうちに機密情報や顧客情報を社外に漏らすという事故が多発している。社員の不注意にて情報を流出させた場合でも経営者や個人情報管理担当者が処罰の対象になるので企業側では、**メール監視ソフト**を利用して情報流出を防ぐようになった。

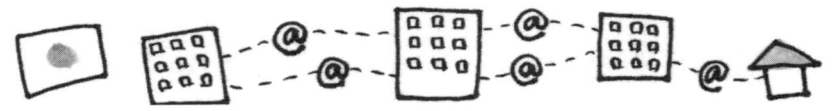

　メール監視ソフトは、各メーカーから複数発売され、企業が社外に出したくない情報のキーワードを事前に設定しておけば、電子メールを自動的に全文検索し、該当するキーワードを含む電子メールの送信を停止することができ、本文だけでなく添付ファイルも対象にできる。よって、「いつ」「だれが」「どこへ」メールを送信しているか全てチェックして記録される。個人情報管理担当者は全社員、または特定社員だけのメール送信先、タイトル、内容を確認できるようになった。

　過去には、プライバシーや人権問題としてメール監視の必要性について論議されることが多かったが、現在では、個人情報保護法の施行により情報セキュリティーに関するリスクマネジメントとして、当然のこととして位置付けされるようになっている。

私の意見としては、社員に承諾を得ずにメールを監視する行為は、人権問題などに発展することも否定できない。某メーカーの労働組合が主張しているように「私用メールには問題があるが、もしも、これがメールではなく電話だった場合、全ての電話の通話内容を盗聴しているようなもので、必要性は認められない」などの反発も多いことも確かだ。だから、会社側は事前に社員に対して、職務上の情報漏洩対策と位置付けて、メールの監視の必要性について説明会を開いて、全社員に理解と同意を得て信頼関係を崩さないように指導している。

　メール監視の抜け道として電子メールをやり取りする手段の一つに「Webメール[1]」がある。Webブラウザさえあれば、どのパソコンからでも同じようにメールを扱えるようになった。「Webメールのやりとりまでは把握することはできません。仕方なしにホームページアクセス監視を実行して、誰が、どのホームページにアクセスしたか一覧で表示します。Webメールへの書き込みがあった場合は、その内容も表示することができるように設定をしました」と、取材時に知り合ったシステム管理者は、話していた。
　個人情報保護法施行により企業内メールは全てシステム管理者に監視されるようになった。

1　Webページを閲覧するためのWebブラウザ（アプリケーションソフト）だけで電子メールが送受信できるシステム。

3 個人情報を流出させないよう社員に懲戒解雇・損害賠償誓約書

> 「個人情報保護法の施行によって経営者から『会社の顧客情報を流出させた場合は、無条件に懲戒解雇及びその損害賠償に同意する。』という誓約書に署名・捺印を求められました。」労働組合の関係者からこのような相談があった。

▶続けて「その書類に、パート、アルバイトを含む全ての社員が署名・捺印しました。その後、電子メールの監視はもちろんのこと、全ての行動を監視されているように感じられて仕事に身が入りません。とうとう、うつ病などの精神疾患などで仕事を休む社員が出てきました。これは行きすぎではないでしょうか」とあった。

▶個人情報保護関係の書類として、職務上知り得た個人情報を他人に知らせることや不当な目的に使用しないよう誓約書を出す必要性はあった。

これは今まで普通におこなわれてきた。また退職後であっても業務上秘密と指定された個人情報については契約終了後一定期間秘密保持することはほとんどの企業では必要である。

しかし、「無条件に懲戒解雇及びその損害賠償に同意する」ことは明らかな過剰反応ではないか。個人情報保護法の規定には、**社員等の故意・過失により個人データが漏洩した場合、事業者も使用者責任を問われる**ことになる」とされている。経営者は、社員に個人情報の取扱方法を教育したり定期的に確認する必要があり、いくらこのような誓約書を取得していたとしても、個人情報保護に関する法律を遵守していることにはならない。

▶しかし、誓約書の提出によって社員は個人情報保護への取り組みについて意識を高めるが、**常にプレッシャーとの戦いになってしまう**。また、この内容だけでは、**どこまでの個人情報なのかが曖昧になっている**。

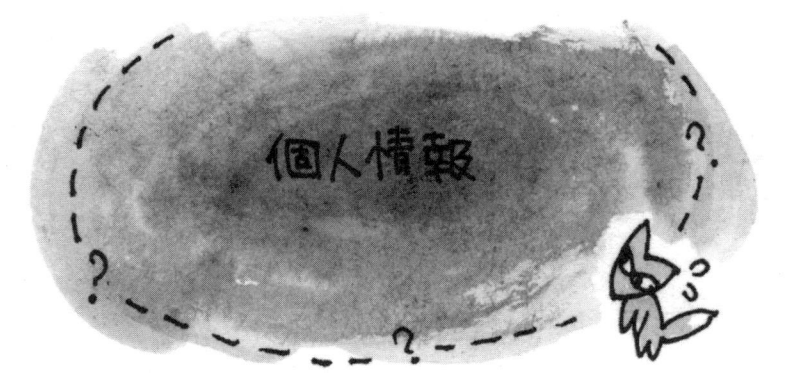

▶前記の規定は、「社員等の故意・過失により」となっている。個人情報流出事件は毎日のように報道されている。その流出原因は、盗難、紛失・置き忘れ・コンピュータの誤操作などが多くを占めているので「無条件にて懲戒解雇及びその損害賠償に同意する。」となれば、毎日のように社員が解雇されている計算になり、そうなると社会問題に発展する。また、他の企業から業務を受託する際にも従業員から誓約書を取得していることが受託条件とされる企業も増えているが、ここまでの資本主義権力によった誓約書については経営者に抗議しておく必要がある。そうしないと、故意・過失での個人情報流出でない場合でも懲戒解雇になり退職金も出ないようになってしまう。

このような個人情報保護法による過剰反応によって、どれだけの人々が悲しい思いをするのか。経営者の方は、この法律をよく理解して社員教育を徹底してほしい。

4 エステティック大手の顧客情報漏洩事件
一人3万5000円の賠償金

> 個人情報保護法施行前に発覚したエステティック大手の会社による個人情報流出に関して、被害者14名が一人当たり115万円の損害賠償を求めていた民事裁判の判決が下された。

▶判決では、エステティック会社側が原告13名にそれぞれ3万5000円、1名に2万2000円の賠償金を支払うように命じた。報道された事件経緯は、2002年5月26日、エステティック会社のWebサイトにおいて、同サイトで実施したアンケートデータや、資料請求のために入力したデータなど、およそ5万人分のデータが外部から閲覧できる状態になっていたというものだ。流出データが悪用されて、迷惑メールが送られてくるといった二次被害も確認されたとのことだった。

　この事件での賠償金の額は、弁護士費用も含んでいるので、妥当なものだと考えられるが、他の評論家やジャーナリストの方々は「少額すぎる」逆に「高すぎる」と、それぞれが違った主張をしている。しかし、本件では一人当たりの賠償額が過去に例のない高額な賠償金であった。

　本件の原告は13名だが、データが流出したとされる5万人が原告になっていた場合には、1人3万円としても合計15億円になり、そのまま115万円の損害賠償が認められた場合には、一企業としては支払うことができない金額になる。結果、社会が混乱して経済状況が不安定になる可能性があることは言うまでもない。

▶この事件で流出したデータは、ネットアンケートに回答した個人情報なので、マーケティング活動に利用する予定だったと推測される。一般論として、アンケートデータは別のサーバーで管理して、念のためにIDやパスワードによるユーザー認証するなど、アクセスを拒否するように設定するが、このような対処が何もなされていなかったために、明らかに**注意義務を怠った**ことで高額な賠償金になったのではないか。しかし、情報化社会の急激な進歩によって今ではあたりまえのことが、個人情報保護法施行前には、まだ充分に浸透していなかったことも考えられる。

▶被害報告は「迷惑メールが送られてくる」とのことだが2002年7月1日から施行された「**特定電子メールの送信の適正化等に関する法律**」がこの場合全く機能していないということになる。この法律は、日本国内発のメールにのみ適用される法律で、迷惑メールの多くは規制対象外となる海外から経由して送信されているものが大多数を占めている。

　結果として、日本だけでなく国際的な視野で法律を改正する必要があり、早期にこの法律を改正して悪質な迷惑メールが撲滅できる世の中になることを希望する。

第3章　個人情報保護法による企業問題　　51

5　過去最悪の最大手印刷会社から個人情報864万人分流出

> 印刷最大手の印刷会社よりダイレクトメール（DM）の作成を委託していたカード会社や保険会社など43社の個人情報計約864万人分が流出した。

▶2006年10月1日現在の大阪府の人口は、882万2241人なので、大阪府の人口と同じほどの規模での流出事件になった。

　流出数は過去最大で、流出した個人情報が多業種にわたっているのが特徴だ。印刷会社によると、DMを下請けさせていた会社の元社員が2001年5月から2006年にかけて、印刷会社の電算処理室から大量の個人情報を持ち出していた。公表することを認めた43社は、カード、保険、スーパー、飲料、自動車、プロバイダー会社などで、それぞれが住所や名前、生年月日などの情報で、一部、クレジットカード会社のカード番号もあったとされている。

▶この件での注意点は、2つある。
1　クレジットカード情報の流出
　インターネット通販詐欺に利用される確率が非常に高いものと推測される。インターネットショッピングでは、カード番号と有効期限を入力するだけで、その人に成りすましてショッピングができる。カード会社に確認したところ、被害の全額補償を約束しているが消費者側が不正利用されたことに気付くことがなければ不正利用された事実も分からない。今後、クレジットカードの不正利用がないか明細票を注意して確認する必要がある。

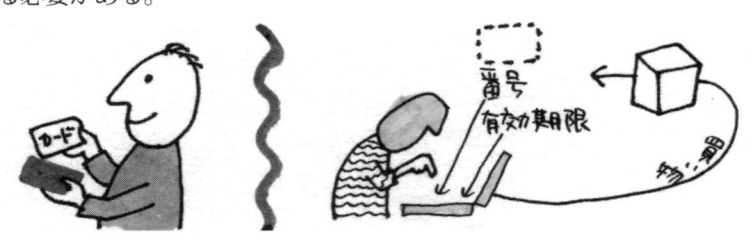

2　不審な問い合わせには絶対応じない

　過去に大量の個人情報が流出したケースでは、カード詐欺グループから流出確認やカード番号や口座番号の問い合わせ等が電子メールで送信されることがあった。また CD-ROM からフィッシング詐欺のサイトに誘導させてカード番号を記入させるケースがあった。このような問い合わせは絶対に信用しないようにしたい。新たに偽装カードが作成される可能性も否定できないからだ。

▶私が驚いたのは、この印刷会社は、**プライバシーマーク**を5年以上継続して取得していたことだ。プライバシーマークを取得しているということは、お金をかけて電算室の監視カメラの設置、顧客データへのアクセスログ[1]の取得、入退出の管理はもちろんのこと、管理体制の不備はないに等しいものだ。

　個人情報保護法では、委託先からこのように個人情報が流出した場合には、委託した企業も監督責任を問われるが、プライバシーマークを取得していたので、個人情報を適正に管理していたものとして信用してしまう。しかし、今回のように技術的には完璧であったとしても人の顧客情報管理教育はできなかったようなもので、内部犯行については無防備であったことがこのような大規模な個人情報流出事件になった原因だ。

　個人情報の管理体制で、企業の未来を左右する時代に入り、恐ろしい情報化社会の発展による過去最大級の個人情報流出事件になった。今後もこのままでは同様の事件が発生することだろう。

1　いつ、だれが、どのコンピュータからデータを見たのかの記録

6　個人情報保護法のために仕事を失った人々

> ある保険調査会社調査員が個人情報保護法によって失業に至った。

▶世の中には、保険調査員という仕事がある。ドラマなどで見た時に本当にそんな職業があるのか不思議に思われたことがあるだろう。過去に車両盗難、交通事故、火災災害、医療、生命保険などの保険金請求時に、このような保険調査員に、あれこれ詳細を確認された方もあるかもしれない。

保険調査は、保険会社に所属している調査部と、外部の保険会社から依頼を受けて調査する保険調査専門会社に大きく分けられる。個人的に会社を立ち上げて少人数で調査する調査員も存在する。

仕事内容は、保険金の請求で疑義のある、自動車事故・火災事故等の調査、事故により休業を余儀なくされた休業損害確認、事故により負傷した方の症状、事故と関係の無い持病との関連性、治療実態等を、本人の同意を得ての確認後、医師と面談、交通事故・車両単独事故などでは、事故状況を正確に再現するにあたり、事故の原因調査を行う仕事だ。

失業した調査員は、医療調査関係の事案を扱っており、複数の案件や報告書がパソコンに保存されていた。そのパソコンは家族も利用していて、**ウィニー**によりデータが流出してしまった。本人は、会社から何度もウィニーについての注意を聞いていたが、長男がウィニーをインストールしていることには全く気付かなかったとのことだった。ウィニーは、個々のパソコンでファイルを公開すると、他のウィニーユーザーがそれ

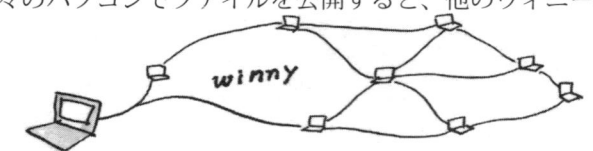

をダウンロードできるようになる仕組みのソフトで、当然、過去に報告書として提出していた保険調査の書類も流出していた。

▶**保険調査業務は、流出した場合は大変なことになる**。保険請求者の個人情報を多数扱っていて、**特に医療調査**では、過去の既往症の種類や通院歴、死亡案件では、死亡診断書や死体検案書などの資料から死因特定などの報告などと、重要な個人情報を扱っているので、その内容の中には、調査員の所見などが記載されることも多い。

この調査員は、規定により禁止されているウィニーを利用していたことで、即刻、解雇された。

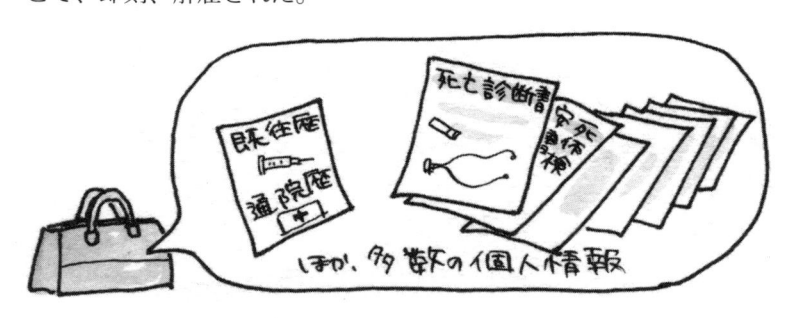

▶所属していた保険調査専門会社は、保険会社からの依頼案件がストップしてしまい、完全委託報酬制度を採用していたので、所属していた調査員も保険会社からの仕事の依頼がストップして報酬がなくなり次々と辞めていった。

調査員に確認したところ「保険調査員のほとんどが保険調査専門会社に所属していて、完全出来高制をとっているので、同じように仕事を失った人が他にも多数あることは否定できない」と主張していた。

法律により職を失った典型的な事例。このような人々がいったいどれくらいになるのかを国は認識しておく必要がある。

7 個人情報保護法により企業が被害者から加害者に変貌する現実

企業の財産といえる個人情報が逆にリスクになってしまった。

▶個人情報保護法が全面施行後、従来以上に企業の管理責任が厳しく問われる時代になった。もしも、顧客の個人情報を流出させた場合には、顧客から損害賠償を請求されるケースもあり得る。

▶某小規模のインターネット接続サービスの運営会社に、会員の個人情報の流出に対する精神的苦痛への慰謝料などとして一人六千円の賠償を命ずる判決が出た。

　この会社は、退職した契約社員の、データベースにアクセスするパスワードなどを退職後も変更していなかった。この契約社員は、そのパスワードを使って半年間に二度、ネットカフェのパソコンから、データベースにアクセスして会員の氏名や住所などの顧客情報を不正に入手していた。また、アクセスログも一週間程度しか保存していなかったことも判明した。判決では、ユーザー名やパスワードの変更をしなかったことで、不正アクセスを防止する注意義務を怠ったと認定された。

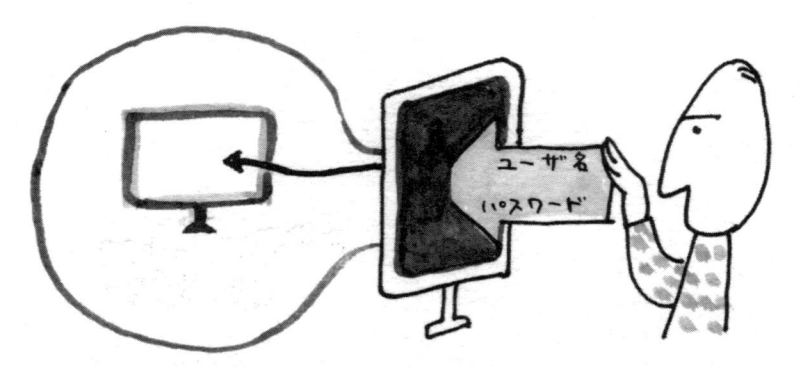

▶過去には、京都府某市で、同市乳幼児健診システムの開発を開発会社へ委託した先のアルバイト男性が市役所内で住民基本台帳データをMO（光磁気ディスク）に複写して大阪市内の会社に持ち帰って、名簿業者

に販売し、その名簿がインターネット上で売り出された。

この市に居住している市民による精神的苦痛を理由に損害賠償請求の民事訴訟が発生した。その結果、慰謝料など一人当たり1万5000円の支払いが命じられた。

▶これらの裁判については、会員や住民が少数で、金銭的には少額だ。しかし、データが流失したすべての人が訴え出れば、膨大な賠償額となり、民間企業は個人情報漏洩保険などに加入していない限り破産宣言することになるだろう。事例として、100万人の顧客情報が流出したとして、1名あたり500円の金券を送付しただけで換算してみると、80円×100万人＝8000万円（郵送費）500円×100万人＝5億円（金券）になる。

このようなときに頼りになるのが**個人情報漏洩保険**になる。各損害保険会社より「個人情報取扱事業者保険」「個人情報プロテクター」「個人情報漏洩保険」などの名称の個人情報漏洩保険がある。また、従業員の故意による漏洩事故も補填してもらえることもある。

しかし、これらの保険については、免責の部分には「**個人情報の管理を適正に管理されている状態からの流出事件に対応すること**」となっている。普通、個人情報が流出する事件では、個人情報の管理を適正に管理されないことで起きるので、この免責事由により保険金の支払いを受けられないケースもあり得る。

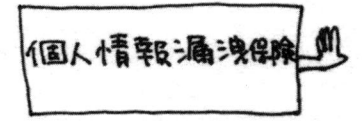

一度、情報流出事件が発生すれば、企業は、流出時には被害者だが、その後に損害賠償請求や流出した個人情報が犯罪に利用される場合もあるので、加害者にもなる。恐ろしい個人情報保護法である。

8　個人情報を流出させた企業の今後や処分について

　個人情報を流出させた場合には、対策していた場合と対策していなかった場合とで刑罰や処理方法が分かれる。

　対策していても個人情報が流出した場合、事件・事故の公表によって企業は重大なダメージを受けるが、会社が個人情報保護の対策をしていた場合としていない場合の違いについて述べたい。

<u>個人情報の**流出対策をしていた場合**</u>→不起訴になる可能性が高い。

　　記者会見時に「当社のプライバシーポリシーは、ホームページに記載している通りです。情報セキュリティーに関してもプライバシーマークで外部機関から認証を取得しています。盗難されたデータ内に格納されている個人情報ファイルは厳重な暗号化が施されています。解読することは理論上不可能です。経済産業分野のガイドラインに沿って、事件の公表と情報主体ご本人への通知とお詫びを申し上げました。この件で何らかの被害に遭われることは、可能性として極めて低いものと考えております。」と述べたとする。この場合には、明らかに不起訴になり損害賠償責任も発生しない可能性が高い。

個人情報の流出対策をしていなかった場合→罪に問われる可能性が高い。

　　記者会見時に「当社の社員の一人が勝手に個人情報データを持ち出した事なのですが管理体制が至りませんでした。プライバシーポリシーも作成中です。個人情報は大切に扱うように注意をしていました。セキュリティー対策も、徐々にしているのですが、まだ未整備です。とにかく申し訳ありません。」この場合では、社員の管理は企業の責任になり、社員の教育、啓発も、これを怠っていた。プライバシーポリシーを公表しなかったので、プライバシーポリシーに沿った個人情報保護体制を構築できなかった。よって、この企業は、刑事責任や損害賠償の民事訴訟が起こる可能性が非常に高いことだろう。

法施行後流出させた企業の処分については、以下のようなものがある。

2006年7月、プロバイダーや電話通信会社からの個人情報流出事件
　　　　総務省は厳重注意とし、個人情報の適正な管理の徹底を文書により指導した。
2006年8月、某大手銀行からの個人情報流出事件
　　　　個人情報保護法に基づく是正勧告を発動した。
2007年1月、大手自動車会社の538万件の顧客情報流出事件
　　　　厳重注意とした。
2007年2月、携帯電話通信会社の個人情報流出事件
　　　　総務省は厳重注意とし、個人情報保護法及び電気通信事業における個人情報保護に関するガイドラインにおける安全管理措置に関する規定に違反したとして、文書により指導した。

　このように刑事事件までには発展していない。しかし、今後は、損害賠償の訴訟が発生することもあるので、個人情報保護法と企業の社会的責任と信用については、この関係がなくなることは永遠にない。

第3章　個人情報保護法による企業問題

第4章 官にはやさしく民にはきびしい個人情報保護法の実態

1 国や行政機関での過剰反応

厚生労働省が医師国家試験の合格者の氏名発表を取りやめた。

▶厚生労働省の記者会見での説明によると「医師国家試験については、これまで受験生の方ご本人に対して合否の通知を行うほかに、受験結果をなるべく早くお知らせするということも考えて、受験地と受験番号、氏名を記載した合格者名簿を掲示して、漢字氏名の名簿も提供してきました。しかし、**行政機関の保有する個人情報の保護に関する法律**の施行を契機として合格発表の方法についていろいろ検討をした結果、新聞紙面等で氏名の公表をしていることについて『やめてほしい』という受験生の方から苦情や要請があったので、個人情報保護に関する法律との整合性を考えることが重要なので、今後の合格発表については受験地と受験番号のみを公表することになりました。」とのことだ。

医師法によると、医師になるには、**国家試験**に合格して厚生労働省が管理する**医籍**に登録、厚労相から免許をうけなければならない。**医籍**には氏名、生年月日、登録番号、合格年月日、行政処分などの事項を登録する。

▶この情報は、個人情報保護法によって、国民には知る権利がなくなったのだろうか。過去にも偽医師による診療や、医師免許取り消しや業務停止などの行政処分をうけた医師がそのまま診察していた事実などもあった。年に4〜5回は世間を騒がせる偽医師の記事がでる。

・偽造した医師免許を使って「慶応大学医学部を卒業し、内科検診ができる」医師として給与をだまし取ったとして、偽造公文書行使と詐欺の疑いで東京都目黒区に住む容疑者（33）が逮捕された。（2005年12月）
・和歌山県内のマンションの一室で無免許の医療行為が繰り返されていたことで、医師法違反（無免許医業）容疑で容疑者（56）が逮捕された。（2006年11月）
・宮城県では、携帯電話の掲示板で中絶を希望した無職女性（29）に医師を装って腹部を切開し重傷を負わせたとして、埼玉県の容疑者（30）が逮捕された。（2004年12月）

　「**知る権利**」という、国民が国家の妨害を受けずに自由に情報を受け取る権利があるのだから、今後国民が安心して医療を受けられるためにも個人情報保護の優先より医師国家試験の合格者の公表や医師国家免許有効確認などの情報が確認できる体制作りが早急に必要である。
　「知る権利」については最近、血液製剤によりC型肝炎にかかった人のリストを患者本人に知らせなかったことについて、厚生労働省から「知らせるのは医師の責任であり、国には義務はない。個人情報保護の観点から患者に伝えなかった。」という発言があった。

2　懲戒免職の職員を匿名扱いにする国や地方自治体

> 官公庁では国、自治体を問わず、懲戒免職の職員を匿名扱いする例が多数出ている。

▶犯罪や犯罪に準じた行為で懲戒免職処分を受けた各省庁の国家公務員の半分ほどが処分時に匿名で発表されることが読売新聞社の調べで判明した。（2007年8月6日）

　国家公務員の懲戒処分は免職、停職、減給、戒告の4段階で、人事院が毎年5月、省庁別に前年分の人数を公表している。読売新聞社がこれをもとに、免職処分時に氏名が公表されたかどうかを省庁に問い合わせたところ人事院の指針で、**原則として氏名を伏せることになっている**、と説明がなされた。また、自治体でも個人情報保護法が全面施行後、処分した職員名などを公表しないケースが出ていることも判明した。まさに個人情報保護法を利用して不祥事を起こした身内を保護する「公務員身内保護法」になっているのではなかろうか。人事院に問い合わせてみると「これらの問題については検討中なのでコメントはできません」と、回答があった。

▶ 2006年4月に警視庁に児童買春容疑で逮捕された外務省職員が起こした事件では、外務省が免職を理由として匿名で発表した。警視庁は実名を公表したが、逮捕直前に懲戒免職となっていたため無職の扱いに変更されていた。本人は「ストレス解消のためだった」と容疑を認めている。また、住所についても住所不定に変更して公表された。

外務省人事課の報道コメントは「免職にした職員が逮捕された男かどうかについては、人事院の指針を理由に回答する必要はない。認めると実名を公表したことになる。本人の将来も考え、総合的に判断した」としている。

▶東京法務局でも児童ポルノ動画の CD-ROM などを作成・配布した調査官の免職を発表したが、逮捕・起訴されているのに実名を伏せたことについては「人事院の基準では必ずしも公開しなくても良い」と、説明していた。

▶地方自治体でも、のぞき目的で女子トイレに侵入して逮捕され、罰金刑を受けた職員を懲戒免職にした際、警察が逮捕時に氏名などを公表したが結局「人事院指針に沿った」と匿名発表に変更された。

▶個人情報保護法全面施行に関連して、地方自治体が幹部の再就職先を本人の同意がなければ公表しないように変更することや懲戒免職にした教職員名の実名発表をやめるなど、過剰反応が多発している。

　事件・事故の被害者を匿名報道することは重要だが官公庁などに所属している犯罪者に対しては匿名になることは明らかな矛盾である。
　本当に、このままの個人情報保護法でいいのだろうか。

3　民間に個人情報保護を押しつけて行政が個人情報を垂れ流し

住民基本台帳法には「悪意が無ければ誰でも個人の氏名・住所・生年月日・性別を閲覧可能」と定められている。

住民基本台帳の閲覧は、**学術調査、世論調査**など公益性がある場合のみで、最近では営利目的の閲覧は厳しくなってきている。

実際に許可されているのは

- ▶**国、地方公共団体**が請求する場合、報道機関や調査機関が**世論調査**等を理由に請求する場合で、公益性が高いと認められる場合(報道機関の場合、社団法人日本新聞協会または社団法人日本民間放送連盟に加盟する事業者もしくは日本放送協会)、
- ▶**市場調査**(財団法人日本世論調査協会または社団法人日本マーケティング・リサーチ協会に加盟しており、かつプライバシーマークの認定を受けている)、
- ▶大学や公的機関が設置した学術研究機関が**学術調査**を理由に請求する場合などの公益性が高いと認められる場合や
- ▶**市長**が公益上必要であると認める場合には許可されている。

また、プライバシーの侵害や名誉棄損、差別につながるおそれがあると認められるとき及び閲覧制度の趣旨を逸脱することや不当な目的に使用されるおそれがあると認められるときの閲覧は**禁止**されるようにもなった。

住民基本台帳の内容は**氏名・生年月日・住所・性別**といった最小限の基本情報で、審査に通れば誰でも簡単に見ることができ、書き写して持ち帰ることもできる。

▶申請が認められると、数千人分の分冊が渡されて、申請者はそれを見ながら、必要な情報を選別して別の用紙に書き写すことになり、申請した分以外の個人情報全部に目を通すことが可能になる。

しかし、住民基本台帳の閲覧制度については、個人情報の保護に対する意識の高まりや審査を厳格化しても、**閲覧により取得された情報の利用方法や他の目的に使用されないことの保証やその追跡が困難**であり、過去には、名古屋市の元電話販売業の男が住民基本台帳を閲覧して母子家庭を探し当て、留守番をしていた女子中学生を襲ったという事件も発生している。

▶以前は住民基本台帳の閲覧は誰でも役所に行って申請書を1枚出せば、簡単に見ることができたが、その審査が難しくなっただけのことで、いくらでも方法を考えれば、**現時点でも簡単に閲覧する方法はある。**

どうして個人情報保護法で取り締まりや規制ができないのだろうか。実は、個人情報保護法と住民基本台帳法は別の法律であるため規制することができないのだ。

民間に個人情報保護を押しつけておきながら行政が個人情報を流しているというという現実、このままでいいのか。声を大にして言いたい。

第4章　官にはやさしく民にはきびしい個人情報保護法の実態

4 住基ネットのための法律ではなく民間管理の法律

　個人情報保護法は、住民基本台帳法改正により**住民基本台帳ネットワークシステム**が始まることで、国や自治体が扱うコンピュータ上のデータ化された個人情報が正しく管理されるように制定された法律だ。

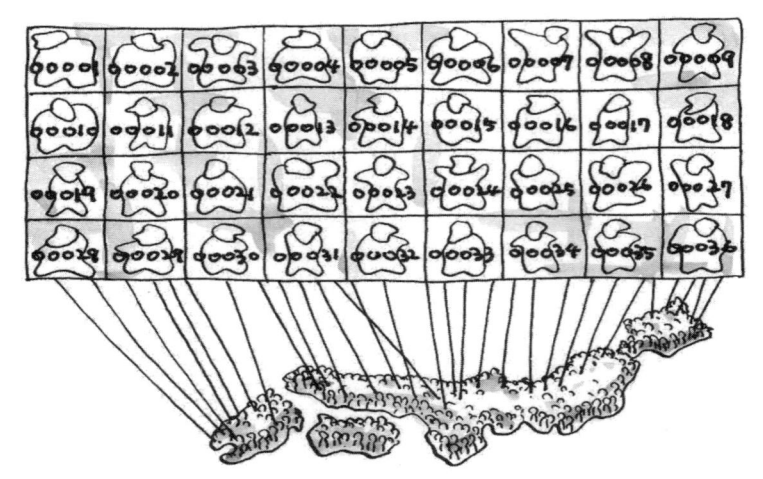

　しかし、国や自治体を管理するという本来の目的から外れて、民間の管理する個人情報全般、マスコミ関係の取材活動を規制する法律になってしまった。

▶**住民基本台帳ネットワークシステム**では、国民すべてに番号を付与して、全国的なコンピュータネットワークによって管理することになった。多くの市区町村が住民基本台帳ネットワークシステム導入に消極的であった。プライバシー保護と技術的な準備の両面について大きな不安も持っていた。当初一部の市区町村が住民基本台帳ネットワークシステムを離脱している。その理由は「個人情報保護法が可決されていないのに住民基本台帳ネットワークシステムに加入できない」ということだった。その主張もあって国民のプライバシー保護のために**個人情報保護法**が可決されたという形になった。

住民基本台帳ネットワークシステム

住民基本コードは、無作為に抽出される十桁の数字とその十桁が誤入力されないことを確認するために使われる**十一桁**目の数字で成り立っている。

住基ネットでは、既に住民基本台帳で閲覧可能な**氏名、生年月日、性別、住所**の4つの情報と**住基コード、その変更情報**の合計6情報の検索が可能だ。

●**国家公務員法と地方公務員法**

個人情報の漏洩に関して既に「一年以下の懲役又は三万円以下の罰金」を定めている。

●**改正住基法**

公務員ならびに委託を受けた民間業者が住民基本台帳に関する個人情報を漏洩した場合、「二年以下の懲役又は百万円以下の罰金」としている。また、住民基本台帳ネットワークシステムの情報を目的外に第三者に教えたりすることは、**守秘義務違反**となり、処罰の対象にもなる。

▶住民基本台帳ネットワークシステムによって個人情報保護法が成立したので、そのシステムで個人情報が保護されるのではと思っている人が多数、見受けられる。しかし、今回成立した個人情報保護法と住基ネットはあまり関係のないもので、それぞれ別の法律が適用される。住民基本台帳ネットワークシステムを管理しているのは国で、端末操作などの作業や扱いをしているのが地方公務員になる。個人情報保護法は、民間のみを対象にしている法律なので、住民基本台帳ネットワークシステムとの関係は浅いものになる。それをどうして政府は、住民基本台帳ネットワークシステムと関連付ける必要があったのだろうか。一部の市区町村を加入させるための口実に使われてしまったのではないか。

2007年8月末時点でも個人情報保護法の可決後も住民基本台帳ネットワークシステムに不参加や選択制(参加・不参加は市民が選別できる)の市区町村は存在している。

5　住民基本台帳閲覧と個人情報保護法は反比例

住民基本台帳の大量閲覧の制限は全国では統一されていない。

▶2006年7月、福岡市東区の**選挙人名簿**のコピーが、同市中央区の不動産会社に流出していた疑いが判明した。同社は入手した選挙人名簿を、営業活動に利用した可能性もあり、この疑惑をめぐっては同社元社員が昨年、「選挙人名簿が違法に流出した」として、容疑者不詳のまま福岡地検に告発したが、地検は、不起訴処分としていた。

　流出した名簿は投票区ごとに有権者の氏名、性別、生年月日、住所などの個人情報が列記されており、同市選管は「用紙交付」や「表示事項」などの欄があることから、「選挙人名簿の可能性が極めて高い」と判断している。

　この流出事件の法的な処罰について、**公職選挙法**の規定を確認したところ、立候補予定者や政党が選挙活動に使う場合などに限って、名簿の閲覧やコピーが認められることになっていた。しかし、2006年6月に成立した**改正公選法**で初めて、罰則規定が新設されている。それまでは罰則規定もなく無法地帯化していたことになる。報道によると、この不動産会社は「詳しく承知していないが、法的に間違っているという認識はない」と説明していた。　（選挙人名簿は住民基本台帳をもとに作られる）

住民基本台帳法では不当な目的でない限り閲覧を認めている。

台帳は市区町村に備え付けられており、ほとんどの都道府県内の市区町村では閲覧や書き写すこと（転記）を制限している。

▶しかし全国では統一されていないのが現状だ。

閲覧制限を厳しくしている自治体があるのに対して簡単に事務処理的な審査で閲覧や写しが可能な自治体もある。公益目的以外の大量閲覧を制限する全国初の条例を施行した熊本市をはじめ、茨城県鹿嶋市、神奈川県鎌倉市、東京都杉並区、小平市、大阪府吹田市などは、住民基本台帳法と相反する条例を制定して、営業目的の閲覧を事実上禁じている。まさに意思統一ができていない行政では、今後、選挙時に閲覧できる、できないの問題が起きることも考えられる。議員一人あたりの有権者人口が選挙区ごとに異なることで有権者の投票の重みに違いが出る、一票の格差があるが、選挙時に住民基本台帳を閲覧できる、できないという地域格差も生まれるのではないだろうか。

個人情報保護法は施行されているのに、いまだに選挙活動においては住民基本台帳が閲覧できるのが現実。だから、今でもあなたの自宅宛に選挙関連のはがきやダイレクトメールが届くことが理解できるだろう。

法律的なことよりも早急に住民基本台帳閲覧は全面的に禁止する必要があることは言うまでもない。

6　個人情報保護法と戸籍法との怪しい関係

戸籍とは、

氏名、国籍、家族構成、出生から死亡までの履歴などを証明する制度で、住民基本台帳と連動して、戸籍の附票を見れば**転居の履歴**が判明しホームレスにならない限り本人の住所をつき止めることが可能になるものだ。

個人情報保護法で、民間が敏感になっているのに、不正に戸籍が閲覧されている事件が数多く発生しているのも事実だ。

▶しかし就職時などには同和地区出身者や結婚していない女性が産んだ子（非嫡出子）、父子家庭、母子家庭などの個人情報はプライバシーとして守るべきものだとの考え方も強くなっている。

　1976年に戸籍法が改正されて、閲覧制度は廃止された。過去には戸籍は公開することが原則だった。あなたの戸籍を勝手に不正に取得されたらどう思われるだろうか。現状では、家族全ての情報が記載される戸籍謄本の請求には、請求事由を明記する必要があり、一部の自治体では**本人確認制度**も普及したが、いまだに知らないうちに戸籍抄本や謄本が他人に交付される事件が発生している。

▶これらの事件の多くは、**行政書士、司法書士、弁護士**から「**職務上請求書**」によって、不正請求して交付される場合で、探偵会社や興信所からお金で依頼されて不正を承知で請求権を悪用しているものだ。

　過去に取材で知り合った司法書士に確認してみたところ「世間が思っているほどにはこの商売は儲かっていません。儲かっているのは一部の営業能力のある書士です。**不況**により、会社の設立や土地売買が減少していることが原因で、司法書士の仕事だけではなく、行政書士や土地家屋調査士などの仕事もしています。複数の資格を持っていないと独立開業して収入を維持することは困難です。不正に**職務上請求書**によって、第三者の戸籍謄本を入手することは容易なことですが、犯罪になるので、私は絶対に行いません。職務上請求した場合でも**開示請求制度**によって、請求した弁護士や司法書士などの氏名が判明した過去の事例があったからです」とのことだ。

　戸籍の公開について**原則非公開**として、弁護士や行政書士などの資格をもつ者が戸籍の謄抄本を請求する場合にも、理由を証明するよう義務付ける戸籍法改正要綱の中間試案が発表された。（2006年7月18日）
　現状では▶行政書士や弁護士などに**取得理由を明記**させることはなく、
　　　　　▶第三者の**成りすまし**による取得に対して本人確認を行っていても、不正に偽装された免許証などを**見破る能力**が劣っている。
　そのためにこのような不正取得が繰り返される。

　個人情報保護法で国民のプライバシー意識が高くなっているのだから、戸籍法も早急に改正する必要がある。第三者が戸籍を請求した場合には、請求された本人に対して請求があったことを示す書類を送付するなどしてはどうだろうか。
　安心して利用できる戸籍制度を築いていかないと、戸籍情報垂れ流し状態は変えられないのではないだろうか。

7　国家権力によって収集された警察情報流出

警視庁某署の地域課に在籍している男性巡査長（26）の私有パソコンがファイル交換ソフト**ウィニー**を通じて、供述調書など約1万件の警察情報が流出させたことが判明した。（2007年6月）

過去に同様の事件が発生した際に全署にて私有パソコンのウィニー利用状況が確認されて全面的に利用禁止すると報道されたが、事件が再発したのはどうしてだろうか。その後の報道によると「私有パソコンのウィニーは禁止されていましたがうその報告をしていた。わいせつ画像がほしかった」とのことだった。

流出した内容
- 被害者の実名が入った強制わいせつ事件の資料、
- 実名入りの少年事件の捜査資料や捜査対象者の通話記録、
- 犯罪履歴の照会結果や捜査で撮影されたとみられる写真などである。
- 暴力団関係者名簿の中には、
    - グラビアアイドル、
    - 声優ら女性タレント、
    - 人気プロ野球チームの現役コーチの名前があった。

▶これらの流出内容からかなり**詳細**に国家によって私たちの情報が管理されていることが伺える。**警察という国家権力によって集められた個人情報が流出することは、絶対に許されない。**

▶この事件では、合計 **1.6 ギガバイト**以上の情報量が流出していたが、1 ギガバイト (GB) の情報量は、新聞の朝刊の写真を含めて 1 年分ほどの情報量なので、単純計算すると**1 年 6 ヵ月分ほどの朝刊**の分量の警察情報が流出していたことになる。インターネットの某掲示板で女優らの実名がさらされて、その女優が立ち上げているブログへの攻撃も始まった。

人気グラビア女優の所属事務所では「事実無根と思いますが、全然わかりません。各方面から『損害賠償請求などについては、どう対応するのか』と聞かれますが、どうすることもできない」と、流出元が警察だけに処理に困惑しているようだ。

▶警察が所有する暴力団組織の情報は、名簿だけではなく、詳細な別のものも含まれている。暴力団員の行う暴力的要求行為について必要な規制を行い、暴力団の対立抗争等による市民生活に対する危険を防止するために必要な措置を講ずることなどを目的とした、暴力団員による不当な行為の防止等に関する法律があるが、警察にもファイル交換ソフト**ウィニーを禁止**して市民の個人情報を守ることを目的とした警察官による不当な行為の防止等に関する法律なども警察新法として確立させる必要もある。

　また、同時期に広島県にある陸上自衛隊中隊本部に所属する陸曹の私有パソコンからウィニーを通じて自衛隊の内部資料も流出していたことが報道されていた。最低でも外部記録媒体に記録するデータを**自動的に暗号化**することなどを実行していれば、流出したとしても解読することは困難で、被害が最小限に済んでいた可能性もある。

　情報化社会の落とし穴に国家権力が入り込んだ状態になった。今後も徹底した情報管理を遂行することが望まれる。

8 市職員の目的外での個人情報閲覧は許される

　市長の解職請求（リコール）運動に乗りだそうとした住民団体代表の個人情報を、市職員が市条例に反してパソコンで目的外の閲覧をしていたことが判明した。（2006年8月22日『朝日新聞』）

　▶個人の情報を役所は守ってくれないのか。大阪府の某市で実際に起こったことで、4日間に7部署の端末で14回のアクセスがあり、少なくとも10人が閲覧した疑いがあるとのことだ。

　市の説明によると、この住民団体代表が、自分の**個人情報閲覧記録の開示**を請求したところ、怪しい記録履歴が残っていたので、市が閲覧について聞き取り調査したところ、市長室課長の事例を含め職員4人が「興味本位だった」、他の職員5人は「業務だった」と認めている。また、市民課でも勝手に住民票が印刷されていたことで、職員が閲覧していたことも判明した。

　業務目的と答えた職員5人については、同時期に5人の職員が業務で閲覧する必要性があるのか、疑問が残る。これらのことで、職員の氏名と所属について役所に問い合わせた結果「情報保護審査会に報告しています。審査会の報告が出るまでは何も分からな

い。コメントできません。規定により氏名などは教えられない」と、回答があった。

　この職員の氏名公表については、回答を得られなかったが、他の4人が興味本位でやったことを認めている。役所側は都合の悪いことや職員の失態については「規定で氏名などは教えられない」と主張しているが、市民の個人情報については興味本位でアクセスされて個人情報が閲覧されているのと矛盾している回答ではないか。

▶これらの不正なアクセス歴が判明したのも住民団体代表が開示請求したからで、**アクセスログ**は、内部の職員がいつ、どこの端末からの誰の個人情報にアクセスしたか把握できるシステムだ。

▶個人情報保護法制定以前にも三重県の某市役所で大量の個人情報のデータベースが閲覧されていた。その職員のほとんどが悪いことは知っていたが、今回の事件と同じように興味本位で閲覧していたという。ある職員は「他の職員や上司も日常的にやっていました。閲覧は、市民の離婚歴や資産状況でした」としている。

　このような膨大な市民データを所有している役所で、このようなことが日常的に起こっているのなら大問題だ。

　個人情報保護法は、民間を主体としている法律。公務員には別の守秘義務や個人情報保護条例、行政機関個人情報保護法などで対策しているが、早期にすべての情報開示をオープンにし、開かれた役所を目指さないと、このような事件が今後も発生する可能性がある。

9　政府・地方自治体関係からの個人情報流出での詳細説明は必要ないのか

　政府が決定した**個人情報の保護に関する基本方針**では、「個人情報取扱事業者に対して、個人情報の**漏洩**等の事案が発生した場合は、2次被害の防止、類似事案の発生回避等の観点から、可能な限り**事実関係等を公表**することが重要」と、定めている。

　しかし、官公庁、警察、公立学校・病院など公的機関から個人情報が流出した場合、そのほとんどが流出の経緯や内容をホームページ上で公開されない。

▶何故、公表されないのか。公表されないケースを流出元から確認してみると、日本の治安を守ってくれている、ある庁については、その理由として「流出拡大を防ぐため、ホームページ上で事実を公開するのは好ましくないと判断した」。また、某県警は「ホームページは県民の利便性を図るために開いている。事件事案のケースを掲載することは趣旨が違う」と説明した。ある市は「報道によって周知してもらうことが一番で、それだけで十分だと考えた」とのことだ。

　ある県選出の国会議員後援会名簿の個人情報が、県議や市議から流出したケースについて、国会議員のホームページには、流失させた経緯が全く公表されていない。また、県議、市議はホームページを閉鎖した。議員の身分は特別職の公務員にあたるが、これが民間なら、明らかに個人情報保護法違反になる。

▶どうして、こんなに公的機関から個人情報が流出するのか。先日、そのことを裏付ける結果が公表された。（2006年7月25日）

　政府機関の職員が使う端末（業務用パソコン）の情報保安対策に不備が目立つことが、内閣官房情報セキュリティーセンターの調査で明らかになった。調査は、政府機関が2006年3月末現在で保有する業務用パソコン約46万台を対象に実施された。

　　・ウイルス駆除ソフトの運用
　　・データを暗号化する機能の運用
　　・盗難対策

　この3つの対策を実施しているパソコンの割合を各省庁別に調べたものだった。

　重要情報を扱う外務省や法務省、警察庁をはじめ6省庁が4段階評価で最低の「D」評価とされた一方、「A」評価はゼロだった。安倍官房長官（当時）は同7月25日、首相官邸で開かれた「情報セキュリティー政策会議」（第7回会合）で、早急に改善するよう指示した。

　現行の個人情報保護法には、官公庁や地方自治体が個人情報流出事件を起こした場合の公表についての規定は一切ない。民間企業のみの規定だ。まさしく官に甘く民に厳しい個人情報保護法である。

第4章　官にはやさしく民にはきびしい個人情報保護法の実態　77

10　Nシステムと個人情報保護法

TシステムとNシステムが同時に解析されればナンバープレート情報だけで、いつ、どこからどこまでを走行したかが把握されることになる。

▶愛媛県警で警察官の私有するパソコンがコンピューターウイルスに感染しウィニー（ウィニー）のネットワークを通じて流出した。報道内容によると、四国内の幹線道路に設置されていた**Nシステム**の情報が含まれていた。（2006年3月15日）

Nシステムは、**自動車ナンバー自動読み取り装置**と呼ばれており、主な用途は、盗難車や凶悪事件などの犯罪捜査を目的に通行車両すべての通過時刻とナンバーを撮影記録するシステムのことだ。

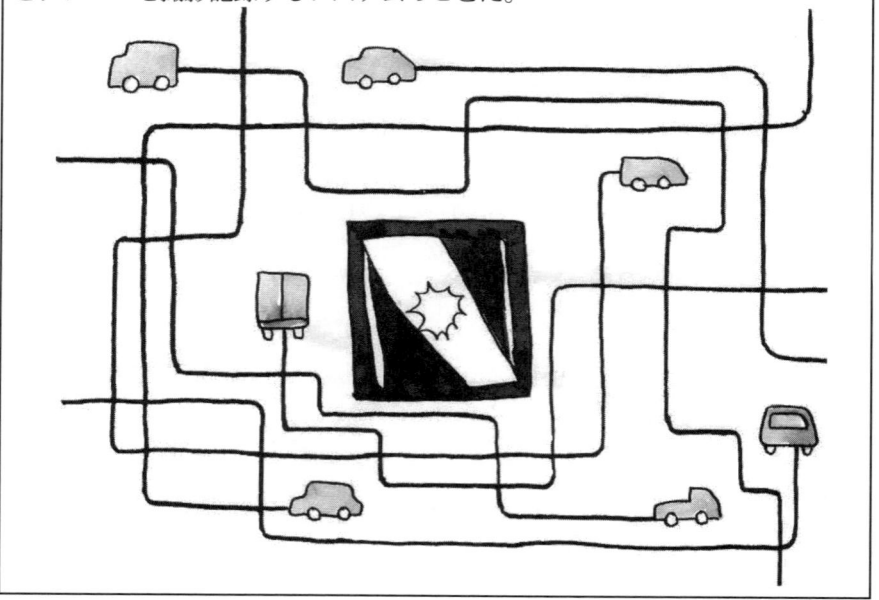

▶幹線道路を走行していると、箱形のカメラようなものが道路上方に取り付けられていることがある。注意して走行してみればすぐに見つけることができるだろう。Nシステムは、過去にあった検挙事例では誘拐事件や殺人事件などで犯人逮捕に活躍したが、**全ての車両ナンバーを記録する**ことが「プライバシーや人権侵害に当たるのではないか」との意見もあった。警察庁は「プライバシーの問題もあるので、内部で適切に保管され、一定期間後は破棄される」と説明した。しかし、報道された

2006年度に流出した捜査資料の中には、Nシステムが記録した自動車のナンバープレート情報が古いものでは1999年の記録も残っていたことが判明した。

　Nシステムの改造版で**Tシステム**というものもある。このシステムは**旅行時間測定システム**ともいい、Nシステムと同じように道路上に設置されたカメラによって通過車両を撮影してナンバープレート情報を保存するのと同時に、それを解析することによって、交通流速の計測などを行いドライバーに目的地までの到達予定時間などの情報を提供するものだ。大きな幹線道路などで「目的地○○まで○号線では○○分」という掲示を見たことはないだろうか。それがこのサービスだ。

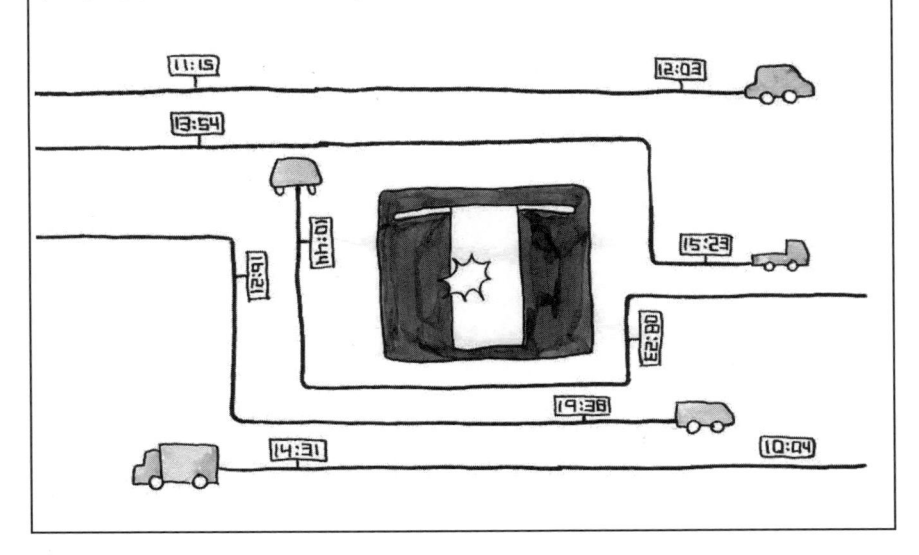

　個人情報保護法の対象は、民間の「5000件以上の個人情報をコンピュータなどで検索することができるような、体系的に構成した個人情報データベース等を事業活動に利用している事業者」になっている。しかし、現行の法律では、一般国民や他の第三者機関によって、警察などが行った調査内容をチェックする体制はない。

　今後は、NシステムやTシステムが適正に運営されているのかを確認できる体制を構築していかないと、全国民が国家権力によって把握されることになる。

　早急に個人情報保護と警察権力との関係について論議して法律を施行させていかなければならない。警察権力には全く効力のない個人情報保護法である。

第4章　官にはやさしく民にはきびしい個人情報保護法の実態　　79

11　警察の匿名発表は個人情報保護法で加速されていた

> 警察官が犯罪にかかわった事例で、警察が「逮捕していない」などの理由で容疑者の実名発表をしないことや発表を隠している例が全国で相次いでいる。その罪状については、傷害、万引き、飲酒運転など民間人であれば逮捕されてもおかしくないケースばかりだ。

▶風俗店経営者から約50万円相当のわいろを受け取ったとして、巡査部長が収賄容疑で書類送検されて懲戒免職処分となった。しかし、「逃走や証拠隠滅の恐れがない」として逮捕されることもなく、氏名も発表されなかった（2006年12月群馬県警）。似たような警察の犯罪が全国であった。同僚にわいせつ行為をした東北地方の警部補は停職処分になったが、刑事処分はなく氏名も非公表だった。

▶このような警察官による多くの犯罪があるにもかかわらず氏名の公表どころか刑事処分もないというような体質を変えていかなければならない。警察職員が犯罪行為を行えば、警察の社会的評価と信用が低下するので、名誉やプライバシーをふりかざしてでもそれを防ぎたいという古い体質が残っているからではないだろうか。この体質も民間のみを対象にしている個人情報保護法によって加速されたことは言うまでもない。

　このままでは警察官の犯罪は少年法と同じものになる可能性も考えられる。この少年法は、少年又は少年のときに犯した罪により提起された者の実名報道を含めて人物の特定が可能な情報を伝える報道を禁じている。少年法については理解できるが、警察官でも犯罪者なら、一般の犯罪者と同じなのではないか。

報道関係者が事件を起こした場合の報道は消極的になるように警察関係者の事件についても身内を隠すことが起きているのが現実だ。民間人は、事件の大小に関わらず逮捕されるのに対して、警察関係者は、書類送検を理由に、匿名発表する。不思議ではないか。

　明らかに個人情報保護法で身内に甘い体質が加速された結果だと思われる。他人に厳しく身内には甘いのは警察官の特権なのか。早期の体質改善が必要だ。

１２　行政機関が個人情報を流出させた際の罰則について

> **行政機関の保有する電子計算機処理に関わる個人情報の保護に関する法律**（昭和63年法律第95号）（平成17年3月31日まで）
> 　国の行政機関において電子計算機により処理されている個人情報の取り扱いに関して、保有の制限や本人からの開示請求などの基本的ルールを定め、個人の権利利益を保護することを目的として施行されていた。

　▶しかし、防衛庁が情報公開法に基づく請求者100人以上の身元を独自に調べていたこと、社会保険庁の職員による、年金CM出演の女優や当時の総理大臣の国民年金未納のデータの流出などの不祥事によって、

> **行政機関の保有する個人情報の保護に関する法律**（平成15年法律59号）同時に**独立行政法人等の保有する個人情報の保護に関する法律**（平成15年法律第59号）が施行されている。（平成17年4月1日から）

　▶改正されたにも拘らず行政機関では、流出事件が終わることはない。社会保険庁などがその大半を占めている。レセプトの電子データが委託先から流出したことや独立行政法人からウィニーを通じて外部に流出したこともあった。社会保険庁に限らず多くの行政機関や独立行政法人の個人情報のずさんな管理体制が浮き彫りになっている。

　過去の**国家公務員法**と**地方公務員法**による罰則規定では、個人情報の漏洩に関しては「1年以下の懲役又は3万円以下の罰金」に処せられることになっている。しかし、これだけでは処罰としての役割が薄く、新たに重い罰則規定を設けることになった。

> **罰則規定の要約**
> 1　コンピュータ処理されている個人データの漏えいについては、2年以下の懲役又は百万円以下の罰金
> 2　不正な利益を図る目的での個人情報の提供又は盗用については1年以下の懲役又は50万円以下の罰金
> 3　職務の用以外に供する目的で職権を濫用した個人の秘密の収集については1年以下の懲役又は50万円以下の罰金

　このように罰則においては民間対象の個人情報保護法よりも厳しいものとなっているが、ほとんどが訓戒処分で処理されている。社会保険庁の年金保険料の横領事件でさえ、最近になりようやく刑事告訴された。

　何度も繰り返すが、官には甘く民には厳しい個人情報保護法だ。

第5章　個人情報保護法によって想定できる被害

1　警察捜査にも支障が起き犯罪者国家に

　警察が捜査を行っている容疑者が勤務する事業者に身分照会をした際に、刑事訴訟法に基づく警察の正式な捜査照会に対して、個人情報保護法による**目的外利用に該当するとして情報の開示を拒否する**ことや病院関係では、事件・事故でけがをした当事者の容体や、事件関係者の病名・病歴、変死者の既往歴、容疑者の入院の有無についても「個人情報保護法の**本人の許可がないので答えられない**」としたケースが発生している。

▶個人情報保護法は、本人の同意なく第三者に個人情報を提供することを原則禁じているが、「法令に基づく場合」などは例外と明記されている。

　しかし、実際には、捜査に協力を得られないケースが相次いでいるので、警察庁は、刑事訴訟法に基づく「捜査関係事項照会書」を医療機関などに示して協力を求めたのに拒否されたという前例を公表した。

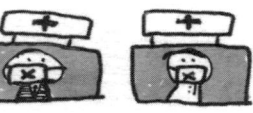

　警察庁では「個人情報保護法の全面施行前はあまり見られなかった現象で、捜査に深刻な支障が出ている」として、調査結果を詳細に分析するとともに、今後、関係機関に理解を求める方針に至った。

これらのことについて大阪の中規模の病院に問い合わせてみたところ「捜査照会については応じても個人情報保護法違反ではないことは分かっていますが、情報提供することで、本人からの損害賠償を求められるおそれがないという保証はありますか」とのことだ。重大事件の初動捜査段階でこのような事態が生じると、深刻な支障が生じかねないことは誰もが理解できる。

　また、警察からの**任意捜査**で、病院側が警察から個人情報などの資料提出を要請された場合が問題になっている。病院側でも任意の要請によって、顧客の個人情報を出すことは、控えるようになっているのが現実である。

　病院側では「警察から電話での問い合わせもありますが、その場合は絶対に何も回答しないことを教育しています。警察からと電話が掛かってきた際に警察なのかどうかを判断することができないためです」とのことだ。個人情報保護法によって、警察手帳を提示しても捜査令状がないと情報提供を受けることができないようになってきていることが伺える。

　個人情報保護法を理由に病院側から情報提供を受けられず対応が遅れた場合には犯罪によっては、二次災害や凶悪犯罪に結びつく事件があることも否定できない。
　病院から情報提供がなされず、ずさんな捜査がまかりとおると、国民全体の不利益は大きくなり、犯罪者を手助けしている個人情報保護法になってしまう。

2 災害発生時の死者が分からなくなる

　個人情報保護法の影響で高齢者や障害者など災害時に援護が必要な人の名簿が作成されずに救援活動に支障が出る恐れが出てきている。一人暮らしのお年寄りや障害者など、災害時に援護が必要な人の名簿で**災害弱者名簿**というものがある。

災害弱者名簿に掲載の承諾が得られず、各市区町村などの自治会などの名簿作りが難航している。

▶**災害弱者**とは、災害時、必要な情報を迅速かつ的確に把握し、自らを守るために安全な場所に避難するなどの行動に対してハンディがある人達のことで、**心身に障害がある人**や**乳幼児**、**高齢者**などのことだ。

▶印象深いのが、新潟県で 2007 年 7 月に発生した**新潟県中越沖地震**では 11 人の犠牲者が出、亡くなられた方の多くは高齢者であったことだ。名簿による死者数や行方不明者などの情報の重要性を知らされた出来事だった。他県でも要援護者の名簿作りを進めているが、本人の同意が得られにくくなっているのが現実だ。

▶近くに住んでいる**自治会**の役員の方に話を伺ったところ「この町内に引っ越してくる人には必ず町内会入会のお伺いを立てに訪問していますが、『個人情報だから電話番号や世帯構成などは出したくない。町会にも入らない』と、加入されない世帯が増えてきています。個人情報保護法によって、個人の情報を秘密にされる世帯が増えつづけていることは違いありません」とのことだ。

▶1995年の**阪神淡路大震災**の時、救出作業や避難所での炊き出しなどで大きな力になったのは、災害弱者名簿と地域住民の助け合いだったことを思い出そう。

大規模災害発生時と災害弱者名簿の対応について、消防本部に問い合わせたところ「地震、水害などの大規模災害発生時には、隣接消防機関との**相互応援協定**や全国の消防機関による**緊急消防援助隊**や消防・防災ヘリコプターの**広域応援**を要請するなど、関係各機関との緊密な連携を保持しながら、官民の総力を結集して、傷病者の救出、救護に当たるとともに、医療機関への迅速かつ安全な搬送、収容などの救助、救急活動を展開し、大規模災害に対応することになっています。災害弱者名簿については、こちらでは話す立場ではありません」と回答があった。

大規模災害は、いつ、だれのもとで発生するのか予測できない。その際に多くの人が災害に巻き込まれるが、個人情報を教えなかったことが、生命の危険に発展する可能性もあり、自分を守るために情報提供することも必要なのではないか。

▶また、個人情報保護法によって、**航空事故での搭乗者名簿**も以前のように公表しないようになった。予約時の氏名や連絡先を頼りに家族の同意を得た場合のみ公表するようになっている。個人情報保護法には、例外規定もあるが、航空会社も理解していないようだ。

個人情報の提供を拒否しているみなさんも、もう一度、考え直そうではないか。

第5章 個人情報保護法によって想定できる被害

3　不良品回収ができずに死者が増える

　ある電気メーカーが製作した古いタイプのファンヒーターが製造上のミスのために、出火や一酸化酸素中毒によって身体に影響がでることが判明して回収された。テレビＣＭ、新聞告知と数億円の宣伝費をかけたが、すべてを回収できなかったことが記憶に新しい。

　最近では、電化製品だけではなく、自動車製造業者では、トラックのスペアタイヤが装着不良であったため、走行中に右側後輪の回転が止まることやトラック車輪ハブの構造上のミスなどで、タイヤが外れて歩いていた人に衝突した死亡事故があった。

　販売者側では「これらの**顧客情報**は個人情報なので、個人情報保護法によって、本人の同意なくてはメーカー側に提供することはできない」と、主張があり、顧客情報の提供が遅れていた。

　欠陥製品の回収も遅れれば生命にかかわることがあり、確かに個人情報保護法は、データ化された個人情報を本人の同意なく第三者に提供することを禁じているが、**法令に基づく場合、人の生命や身体、財産の保護に必要で同意を得るのが困難な場合などは例外になる。**

▶不良品回収のためメーカーに顧客情報を提供することなどは個人情報保護法上、問題がないので、すぐに提供するべきである。そうしないと更に死者が増えることも予測できる。

実際にファンヒーターの欠陥で事故が続発した問題では、量販店や小売店から経産省に、「メーカーから回収のため購入者情報の提供を求められたが、本人の同意なく提供してよいのか」という相談が多く寄せられていたそうだ。

▶私がファンヒーターを購入した際に、販売業者に「ファンヒーターが製造上のミスのために生命に危険が及ぶ可能性はありませんか。その際には販売側では販売者に対する連絡や保証はどうするのですか。個人情報の記載は必要ないのでしょうか」と、確認した。すると販売業者の店長と思われる男性が「お客様の個人情報は法律によって収集できません。何か問題が発生した場合には、**製造物責任法**で保護されるので、その場合にはメーカー側が保証します。メーカー側に問い合わせてください」とのことであった。

1995年から**製造物責任法（PL法）**が施行されている。
　これは、メーカーの製造・販売商品や作業が原因でおこる人身・物損事故が対象で、製造または販売した製品の欠陥が原因で、身体や財産に損害を受けた場合、メーカーに損害賠償を請求できるという法律だ。

しかし、いくら製造物責任法が施行されていてもメーカー側で個人情報保護法施行に伴う混乱があり、欠陥の情報提供をしても使用者情報が公表されないと、死者が増える場合もあるのではなかろうか。全く恐ろしいことである。

4 「長者番付」廃止決定で脱税天国「日本」に

　長者番付が完全に廃止された。国家からも個人情報の大切さについて関心が示されたことになる。しかし、法人については廃止する必要はない。

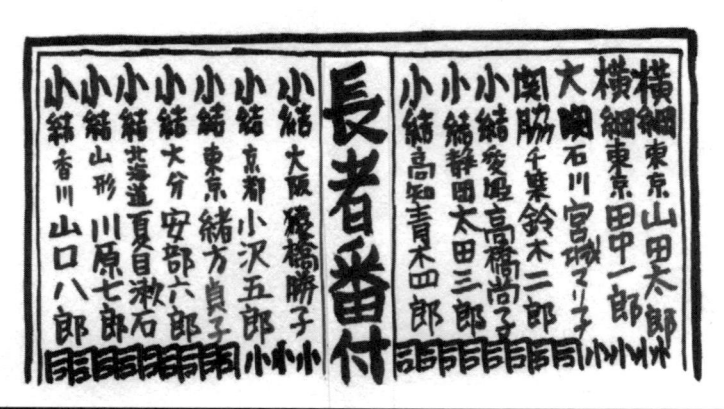

▶私も以前から長者番付廃止について何度か雑誌等にコメントしていたが、個人情報保護法などで高額納税した個人や法人の公示制度を廃止する所得税法が改正されたのに伴って**長者番付**が完全に廃止された。

　毎年、春になると、高額納税者が国税庁から公表され、テレビ、新聞などでもお金持ち、スポーツ選手、芸能人、作家などジャンル別の番付の掲載が続けられていた。その結果、詐欺、恐喝、誘拐、空き巣などの事件も発生していたこともあった。

▶いっぽう法人の場合は確定申告の期限後に申告して延滞税を支払う**公示逃げ**といわれる公示不正や脱税などがあった。

　脱税で摘発されるのは、数億円規模の脱税。このような規模の大きいものでなければ、脱税というものは日常的に行われていることは多くの人が承知している現実ではなかろうか。

▶日本の税制では会社勤務の給与所得者は、脱税がほとんど不可能な仕組みだが、長者番付に掲載されるような高額所得者はそうではない。公示されないために、高額納税者は、節税という形で税金を低く抑えようとするのが普通である。

また、脱税という犯罪は被害者が明確でないために加害者意識が非常に薄いものだ。しかし、利益の出たときには税金が取られても仕方ないことだ。

来年もそれだけ儲けることは容易ではないために脱税に走ってしまう。個人事業主もそうだが、例えば、ある年事業が軌道に乗り数億円の税金を納め、その翌年は大幅な赤字に転落しても前年度収めた税金の返却はない。このことは理解することができるが、明らかに儲けている企業でも儲けていない企業でも税金告知をしないと、「バレにくい」という意識が高まり、節税のための脱税が多くなることが予測される。

本当に適正な納税義務の実現を目指すのなら、企業の経営者や事業者に、きちんとした税制教育を行い、法人の番付表示を公表していかないといけない。このままでは、個人情報保護法によってもたらされた脱税天国「日本」になるだろう。

第5章　個人情報保護法によって想定できる被害　89

5　個人情報保護法と傷害事故

> 子どもが**シュレッダー**で指を切断する事故が相次いでいる。その背景には**家庭用のシュレッダー**が**個人情報保護法**施行後に需要が急増したことがあると考えられる。

　シュレッダーは事務機器として扱われ、事故の原因については「紙を入れる投入口の幅が広いことが事故原因だ」と、公表されていた。

　2006年3月静岡市の2歳の女児が自宅兼事務所で電源が入っていた業務用シュレッダーの投入口に誤って指を入れて指九本を切断した事故や、2006年7月東京の2歳男児が同じような状況で指二本を切断した事故が起こっている。

　メーカー側に問い合わせた結果、仙台市にあるメーカーは「今回の事故はまれなケース。幼児の使用は想定していなかったのでこのようなことになりました。早急に改善するようにすることにしています」と答えた。また、もう一つの東京にあるメーカーでは「今回の事故で投入口幅を3ミリ以下と狭くしました」とのことだ。

　他の大手シュレッダーメーカーに事故のことについてコメントを求めたところ「**投入口幅は法令の対象になっておらず安全基準はありません**。メーカーにとっては時間的な処理枚数を競うのがセールスポイントなので、投入口を狭くすることによって時間的な枚数処理能力が落ちることになるので、このような事故につながったのでは…」とコメントした。

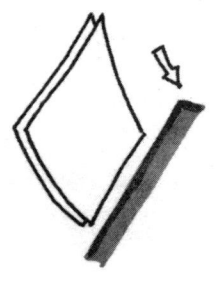

被害はいずれも乳幼児で、好奇心が旺盛で、何にでも興味を持つ年頃。個人情報保護の高まりによって、シュレッダーが家庭生活の中に普及し始めた以上、投入口幅を３ミリ以下と設定することなども必要だが、シュレッダーの安全基準を再検討する必要がある。たとえば、使用する直前に乳幼児には分からないような安全電源スイッチを入れないと作動しない設計にすることなどが考えられるのではないか。

　シュレッダーの取扱説明書には「投入口・排出口には手を入れないで下さい。ネクタイ・ネックレス・シャツ・髪の毛等が巻き込まれないよう注意してください。お子様の手の届かないところに置いてください」などと記載があった。この説明を盾に悪質なメーカーや海外のメーカーだったら「注意書きを無視した自殺行為だ」とメーカー側から主張される可能性もある。

　幼児の指を巻き込まない安全策をメーカーが講じることも当面は必要になるが、個人情報保護法施行後にシュレッダーの利用が一般家庭にまで入り込み需要が急増したことによる特徴的な事故ではないだろうか。
　事故に遭遇した乳幼児の指は永遠に戻ることはない。

6　長寿番付も廃止され年金不正受給が増える

　厚生労働省の発表によると、全国の高齢者上位100人を公表している**長寿番付**について、2006年度よりランク付けを取りやめることが決定した。個人情報保護法の施行により公表を望まない高齢者が増えたためなのか、非常に残念なことだ。

▶長寿番付の発表は、厚労省が100歳以上の人の情報を市町村から都道府県を通じて収集して、上位100人について、名前と性別、年齢、生年月日、居住する市町村情報を1963年にスタートさせて公表してきた。

　公表しないことによって、本人の存在確認や居住確認が疎かになり、**年金の不正受給などの犯罪が増える恐れがある**。過去には、厚労省から発表された長寿番付において、全国19位、110歳の東京都の最高齢とされる女性が、ある年氏名と現住所が非公開になっていた。区の調査で、この女性は、40年以上前から行方が分からなくなっていたことが判明したからだ。女性の住所地に住む長男の妻（73）によると、女性は「私たち夫婦が結婚した10年後の1962年ごろ、財布も持たず失跡しました。1999年の夫死亡後、自分は一人暮らしで義母は同居していない。」ということだ。

　また、自治体によっては**長寿祝金等制度**というものがあり、長寿になった人に対して長寿祝金等を支給することとしている。100歳になると祝金として100万円を一括で支給する自治体もあり、過去には、その授与式に本人が出席できずに不正が発覚した事件もあった。

個人情報保護法により、公表を控えることによって、年金受給中の人が亡くなった後も放置して、他の人がそのまま年金を貰いつづけるケースが増える可能性が今後も考えられる。

▶役所に問い合わせた結果「年に1回、年金受給者の調査をする**現況届**を提出してもらっています」とのことであった。しかし、過去の不正取得や不正受給事件では、子供や親族が本人を装って提出していたので、**対面**方法による本人存在確認や居住確認はしていないのかを追求したところ「厚生労働省への報告時にも対面調査による確認までは要求されていません。住民基本台帳法の規定に基づいています」とのことであった。

　年金を受けていた人が亡くなったときには、遺族年金や未支給年金がもらえなくても、年金の死亡に関する手続きが必ず必要になるが、最近では、就業、就学、職業訓練のいずれもしていない人で、通称、ニートと呼ばれる男性が親の死体放置をしたまま、死亡した親の年金を不正受給して生活していたところ、異臭騒ぎが起きて事件が発覚し、死体遺棄で逮捕されたこともあった。

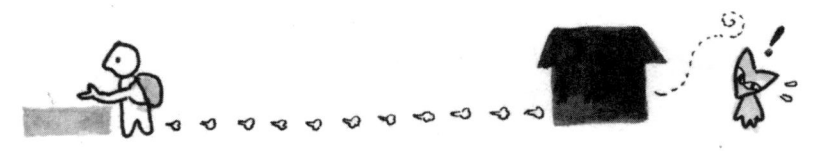

　個人情報保護法による長寿番付の廃止で、年金の不正受給や長寿祝金の不正搾取も増えるのではないだろうか。

7　選挙活動では個人情報垂れ流し状態に

個人情報保護法は施行後、選挙運動にも影響を及ぼしていた。個人情報保護の観点などから**選挙人名簿の閲覧できる場合**が明確化・限定され、違反者に対する制裁措置が新設されたが、**個人情報保護法**では、**政治団体の政治活動について適用が除外**になっている。

選挙人名簿の閲覧制度の改正を内容とする**公職選挙法**が一部改正された。
（2006年6月14日に公布、2006年11月1日施行）
選挙人名簿抄本の閲覧が可能な場合を次のように定めている。
- 選挙人名簿の**登録の有無**を確認するために閲覧する場合
- 公職の候補者等、政党その他の政治団体が、**政治活動(選挙運動を含む)**を行うために閲覧する場合
- 統計調査、世論調査、学術研究その他の**調査研究**で公益性が高いと認められるもののうち**政治・選挙**に関するものを実施するために閲覧する場合

その他の改正事項
- 目的外利用・第三者提供の**禁止**
- 閲覧申出者の氏名、利用目的の概要等の**公表**

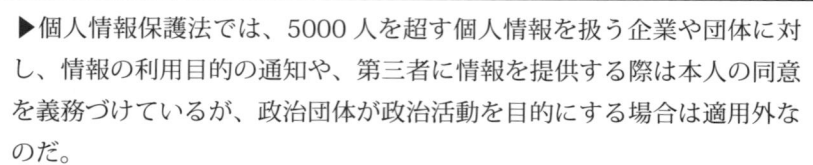

▶個人情報保護法では、5000人を超す個人情報を扱う企業や団体に対し、情報の利用目的の通知や、第三者に情報を提供する際は本人の同意を義務づけているが、政治団体が政治活動を目的にする場合は適用外なのだ。

また、各組合が所有している名簿提供については、正当な政治活動と見なされることにより名簿についても規定はない。しかし、各組合や団体は個人情報保護法によって、政治活動でも名簿を提供しなくなってきている。

▶ある政党に問い合わせをしたところ、選挙に必要不可欠になっている電話作戦については「電話した市民から電話番号の入手経路を聞かれたり『お前のところの陣営は個人情報保護法に違反しているのか』と叱られる場面に何度も遭遇しました。有権者名簿を利用してはがきを送付した際に、『どうして住所を突き止めたのか』などの抗議もありました。

　私達は丁寧に選挙人名簿からの閲覧と回答していますが先日『会社には個人情報保護の法律で縛っておきながら役所は個人情報を垂れ流しているのか』と抗議を受け、こちらは正当な理由で活動しているのに一般からはあまり良いように思われていません。それから電話やはがき戦術については敬遠しているのです」とのことだ。

　一般の方には、政党が政治活動のために利用している状況が個人情報保護法の適用外であることを知っている人が少なく、理解されづらいのが現状だ。
　過去には、この選挙人名簿が横流しされていたこともあり、今後の閲覧については禁止する方向で進めていかないと、選挙制度そのものが否定されて、今後も投票率が落ち続けることだろう。

8 物的証拠が返却される個人情報流出事件が続出

> 2007年3月に、紛失した個人情報が返却されるという事件が2件発生した。理由については分からないままだ。

▶・1件は、山梨県警の所轄署に勤務している巡査長が2006年12月に捜査資料入り記憶媒体を紛失していたが、匿名の封書で現物が届けられて返却された。

・もう1件は、某テレビ局の歌のコンテスト参加者の個人データなどが入ったノートパソコンの紛失問題で、放送局は3月4日、紛失したパソコンが宅配便で同局に届けられたと発表した。

▶パソコンの起動にはパスワードが必要で、中の個人情報は読み取られていないとのことだ。しかし、これらの事件では、既に中の個人情報がコピーされていた可能性もある。

最初の事件の記録媒体についてはロックをかけていたかは公表されていなかったので、一概には言えないが、ロックをかけていない場合には簡単に中の情報をコピーすることができる。

また、後の事件では、パソコンの起動にはパスワード処理をしていたとのことだが、これも100％安全ではない。

パソコンが返却されたことで読み出された可能性がある個人データにアクセスをしていたのかを分析することも可能になるのだが。

▶この2件の流出事件のケースでは、どのような経緯で入手してどうして返却したのかを確認できる方法はないのだろうか。

推測されることは

- 送り返すことによって、個人情報保護法によって個人情報が流出したことを**公表する必要**が生じる。個人情報保護法によって、個人情報を流出させた場合には報告の義務が生じる。紛失しても、個人情報が紛失したことさえ気づかないことがあるので。
- **いやがらせ**をする。
- **恐喝**をする。
- すでに転売して**いらなくなった**ためなのか。インターネット上に存在する業者では、あきらかに法を犯すようなデータでも買い取りに応じている。

理由については分からないままだ。

余談になるが、アメリカでは、懸賞金を提示して紛失したノートパソコンを買い取ることもしている。

報道等でノートパソコンを返却した人物に金銭を支払うメッセージを掲示して、ノートパソコン返却までの経緯については一切質問しないという条件をつけている。その結果、盗まれたノートパソコンを持っていると思われる人物から電話があり、職員が実際に会って、盗まれたノートパソコンであることを確認して指定金額を支払って取り戻したこともあるのだ。

電話をかけてきた人物に関する情報は一切明らかにされていない。アメリカ的発想と言えよう。

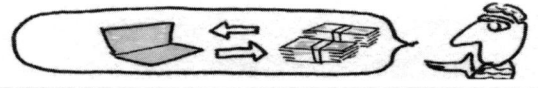

今後のためにも懸賞金を提示してでも追及しておく必要があるのではないだろうか。

いずれにせよ紛失は誰でも起こりうることと認識することから持ち出しの管理体制を自覚しないといけない。

個人情報は、マーケティング活動に利用されるので、これらのデータが犯罪者の手に渡り犯罪標的を選定するために利用されないように祈るだけだ。

9　自衛隊による国民監視と個人情報保護法

　自衛隊の情報保全隊という部隊が、自衛隊のイラク派遣に批判的な考えを持っているとされる、著名人、市民団体、国会議員などについて、詳細に情報収集していたことを示す内部資料があったことが明らかにされた。（2007年6月）

　このような情報収集活動が社会的にも必要であるのかが問われる。この聞きなれない情報保全隊はどのようなものなのかはじめて知った人も多いだろう。

　情報保全隊は、2005年、当時の防衛庁長官からの訓令によって組織され、これまでも情報に関する調査隊はあったようだが、その調査隊を発展させた部隊だ。 
　自衛隊の持つ**機密情報**を守ることと、その**漏洩を防止**するために存在している部隊だが、陸上自衛隊情報保全隊に関する訓令（陸上自衛隊訓令第7号）の自衛隊法施行令によると、「情報保全業務、秘密保全、隊員保全、組織・行動等の保全及び施設・装備品等の保全並びにこれらに関連する業務をいう」となっている。過去の調査隊から調査を含む**情報保全活動全般**に関与する部隊になったのだ。しかし、警察や検察などのように強制的な捜査ができるわけでもなく、探偵のような任意調査が中心となっている。

▶情報保全隊は今回の自衛隊のイラク派遣に批判的な動きを、反自衛隊活動とみなして、団体、個人に拘らずに活動内容について調査を行い、新聞や雑誌の関係記事や演説などから内容を調査し、**個人情報**を収集した。この行為に問題はないのだろうか。

　それ以外にもデモや集会に参加していた人物の写真撮影をしていることや報告書としてまとめる行為があったとしている。情報保全隊は、市民が開いた集会などの現場に実際に足を運んで、主催者の実名などを記録している他に、参加者の顔がわかる距離から写真を撮影している。また、参加した市民の居住先まで確認するなど、個人情報に属する情報も多数含まれていることも明らかになった。

　防犯カメラに記録された情報や音声であっても本人を識別できるものであれば個人情報保護法が求めている個人情報になるのに、これこそが国民を監視している行為であることには違いない。

▶この組織的な行為は単なる情報収集から逸脱して、**憲法**に保障された表現、言論の自由や肖像権をも侵害する違法な**監視活動**ではないか。しかし、**国家防衛機密**だと主張することによって、「行政機関等個人情報保護法」にも関係がないので、どのような情報を集めているのかも、それが本当にそれらの機密なのかの内容すらも公表されない。

　国民に対して情報収集の方法、その使用目的についての説明責任を果たすために、徹底した調査と今後の対応を明らかにしないといけない。

　民間や市民には厳しく行政には甘い個人情報保護で、このままではあなたもこのような集会に参加した場合には無断で容姿が撮影されて個人情報を調査、分析されて情報保全隊のデータに入る可能性も否定できない。また、収集した個人情報が続発しているウィニーによる機密情報流失事件のように外部に流出する可能性もある。

第5章　個人情報保護法によって想定できる被害

第6章　個人情報保護法の課題

1　世論調査が成り立たなくなる

> 国民の理解と協力で成り立つ公的な世論・意識調査や学術目的の調査が、個人情報保護法の全面施行や住民基本台帳の閲覧制限の影響で、今後、成り立たない可能性がでてきた。

世論調査とは一般に、個人を対象として行われる**大規模な意識調査**のことである。

- ●**調査主体**
  政府および同関係機関、**地方自治体**および同関係機関、**大学**、新聞社・通信社・放送局などの**報道機関**等。
- ●**統計的**な方法がとられる。
- ●**抽選**で選んだ全国の**20歳以上の男女**を対象に実施する
- ●正確な結果を得るため、調査員による**訪問面接**によって行なわれる。

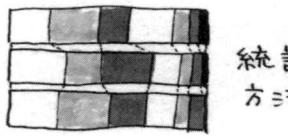

▶実施者については、内閣府によると「世論調査は、全国の縮図となるように統計的な方法で、統計学の理論に基づいた抽選方法によって、全国から数千人を選んで、選ばれた方々を対象に調査を行っています。調査に当たっては、選ばれた方々のご自宅に訪問して、ご本人に面接して質問し、ご回答をいただきます」となっている。

　しかし、一般国民が拒否するのは、その選ばれた方法の告知がないまま、いきなり調査を開始するからだ。

▶世論調査を実施するにあたっては、市区町村の**住民基本台帳を閲覧**して、調査対象を選んでいるが、住民基本台帳は、世論調査や統計調査などの場合に、きちんとした手続きを経ることによって閲覧が許可される。

調査についての専門知識や技術を持つ**民間の調査機関**に委託し、民間の調査員が来て、政府の施策などに関する意識と、それを統計分析するために必要な情報（年齢、職業、場合によっては家族構成や年収など）を聞かれることもある。

悪質な訪問販売なども多発している最近の社会情勢では拒否することも理解できる。

個人情報法保護法で、自分の情報を使われることを過剰に心配する傾向が強まり、世論調査によって、国民に対する新しい政策なども作成できないこともある。私自身、マーケティング調査や学術研究のために住民基本台帳の閲覧を申請したことはあるが、閲覧を制限している自治体も増えている。

▶**内閣府総務省**に世論調査の義務や罰則について問い合わせをした結果「義務ではありませんので、拒否いただいても**罰則はございません**。今後、郵送やインターネットでも回答してもらうことになります。また、マンション等で調査員を建物内に入れない行為については、強制力のある**実地調査権**を調査員に与えて、調査妨害で刑事罰を適用する予定にしています」と、回答があった。

このことからも今後は、精度の高い世論調査の数字ができあがらず、社会的に認められている世論調査がなくなる日も近いのではないだろうか。これも個人情報保護の過剰反応による一つの課題ではないだろうか。

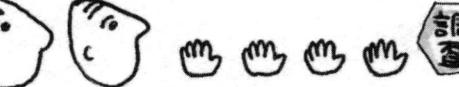

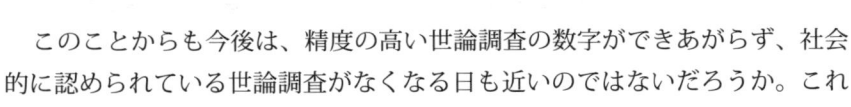

第6章 個人情報保護の課題

2　個人情報保護法によって孤独死が増える

> 各地域担当の**民生委員**に対して個人情報の提供を拒否する自治体が増えている。民生委員の側から提供を拒否するケースもある。

　民生委員とは、**民生委員法**に基づき、社会奉仕の精神を持って、常に住民の立場になって相談に応じて社会福祉の増進に努めることを任務とし、市区町村の各区域に配置されている民間の奉仕者だ。民生委員は、都道府県知事又は政令指定都市若しくは中核市の長の推薦により、厚生労働大臣が委嘱することになっており、**任期は3年**で給与の支給はなく交通費などの実費のみの支給となっている。

民生委員法第14条第1項
- ●住民の**生活状態**を必要に応じて適切に**把握**しておくこと
- ●援助を必要とする者がその有する能力に応じ自立した日常生活を営むことができるように生活に関する**相談**に応じて**助言**、その他の**援助**を行うことや援助を必要とする者が福祉サービスを適切に利用するために必要な**情報の提供**その他の援助を行うこと、
- ●**社会福祉**を目的とする事業を経営する者又は社会福祉に関する活動を行う者と密接に**連携**して、その事業又は活動を**支援**すること
- ●福祉事務所その他の関係**行政機関の業務に協力**すること

▶ここで問題になっているのが、一人暮らしのお年寄りや障害者など、災害時に援護が必要な「災害弱者」を守るための自治会の名簿などを守秘義務のある民生委員にも個人情報保護法の施行後、**個人情報を提供しづらい状況**になっている。

　民生委員が個人情報提供を受けられない場合には、一人暮らしのお年寄りや障害者などの居住地が得られない。よって、民生委員が各戸を回り、郵便物や新聞がたまっていないかなどの安否確認をしているが、これらの行動が阻害されることになり、結果的に孤独死が増える。

▶これらのことについてある市役所に問い合わせた結果、「本人の同意が得られれば民生委員の方に名簿は提供します。民生委員が勝手に訪問したことなどから市民からの問い合わせが多く**名簿の提供を取りやめる**ことにしました。何か問題がある場合には市民から民生委員のところに行かれるのではないでしょうか。お住まいの地区を担当されている民生委員をお知りになりたい方については福祉課に問い合わせていただければ教えています」とのことだが、本当にこのままでいいのか。市民の方は、民生委員の活動すら知らない人が多く存在していることも否定できない。

▶朝日新聞2006年6月22日の社会面によると「2005年、京都市伏見区の河川敷で認知症の母（当時86歳）を本人に同意を得て殺害した承諾殺人などの罪に問われている無職の男性容疑者54歳がいた。容疑者は母を乗せた車椅子を押して市内を循環して最後の親孝行をしたつもりだった。朝になって母親が『家に帰りたい』と言ったが『あかん。もう生きられへんで』と告げた。認知症の母の状態が悪化したために介護のために工場を退職して介護と両立できる仕事を探したが見つからなかった。」と、切羽詰まった状況であり、民生委員の存在を知っていたのなら、あるいは民生委員が積極的に訪問できてさえすればこの事件を回避できた可能性もあるのではないか。

地元の民生委員に確認したところ「民生委員は広告宣伝や民生委員の表札を出していない人も多く、民生委員として活動していること自体が分からない場合もあります。私を含めて、**民生委員はボランティアなのに、職務は他者の重要なプライバシーに介入することが多く、大変な職務です**。特に個人情報保護法によって、訪問先にどうして母子家庭であることを知ったのか逆に問い詰められたりする場合もありました。最近では、民生委員のなり手が少なくなりました」とのことだった。

民生委員不足問題も生じている中で個人情報保護法が施行された。今後は、民生委員の少ない都市部では大きな問題になってくるだろう。

3　個人情報保護法によってがん難民が激増する

　がんは日本人の死因のトップで、あなたが不幸にもがんになった場合には、専門的な治療と多くの情報を求めることだろう。しかし、地域間や病院間で治療水準の格差が大きく、患者らに充分な情報を提供する態勢の不足や専門医不足などの問題が発生している。

　がん治療に対応できる拠点病院は、思ったほど充実しておらず、拡充が進められているが、それでも充分ではなく、がん検診の普及も遅れているのが実態だ。
　がん治療は年々進化している。

　患者や家族は、最適な治療法やそれを見つけるためのデータを第一に求めている。その一方、正確な情報を求めて病院を転々としたり、行き場を失ったりする患者らは**がん難民**とも呼ばれ、その数も増えている。

▶がん対策の一層の充実を図ることを目的とした議員立法の**がん対策基本法**が2006年6月16日の参院本会議で、全会一致で成立した。がん対策についての国と地方自治体の責任を明記して、**予防**や**早期発見**を推進するためがん検診の受診率を向上させるとともに、全国どこでも同水準のがん治療を受けられるよう、専門医や医療従事者の育成、診断や治療法の研究の促進に取り組むとの内容になっている。しかし、**告知**や**個人情報保護**の高まりから患者登録制度は法に盛り込まれず、具体的取り組みは基本計画に委ねられることになった。早期に患者登録制度を普及させないと、正確なデータが得られにくくなる。

▶厚労省は**国立がんセンター**を中核とした情報ネットワークづくりを推進している。**がん対策情報センター**が設立されて、がん治療に関するさ

まざまな情報を集約して病院格差の解消や治療成果の充実を図ることに重点がおかれた（2006年10月）。

▶**がん登録制度**は国会で審議されて見送られた。それは、すべてのがん患者の診療や経過の情報を国が一括管理し、治療や予防に役立てることが**プライバシー侵害**の恐れがあるという声が相次いだからだ。

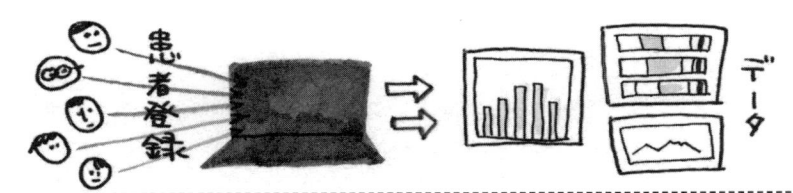

　私自身、母親が膵臓がんになった際に、自分のがんに対する知識不足を痛感した。医師の説明にだまってうなずいて全てをまかせきりになっていた。がんの情報について集めて徹底的に勉強して図書館に通い詰めてインターネットからでも情報を模索した。しかし、**インターネット**では情報が氾濫していて何が正しい情報なのか認識できなかった。**アガリスク**があたかも効果があったようなことを記載した書籍には出版者と手を組んだ悪質業者の連絡先が記され、高価なものを売りつけたことで、その業者と出版者が摘発された。また、化学療法などでも同じような生存率であるのにわざわざリスクを冒して手術を薦める医師もいることも否定できない。

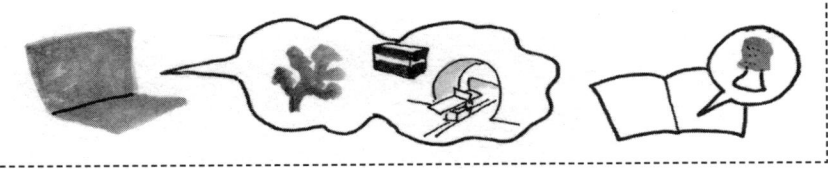

　指定伝染病などのように、がん登録を法律で義務づける必要がある。**個人情報保護法**では、**事業における診療情報の提供**は、「利用目的による制限」および「第三者提供の制限」の本人同意原則の**適用除外**の事例に該当する旨の通知がなされている。がん登録事業への情報提供は、公衆衛生の向上のために特に必要があるので、本人の同意を得る必要はないものでああろう。

　このままでは今後も多くのがん難民が情報を求めてさまようことだろう。

4　個人情報保護法に関する世論調査の結果

　読売新聞社が行った個人情報保護法に関する**全国世論調査**（面接方式）で、国民の6割が個人情報の**漏洩を懸念**するとともに、個人情報の過剰保護によって、**暮らしにくく不便**な社会になるとの不安を感じる人も6割近くに達していることが分かった。（2005年12月10、11日実施）

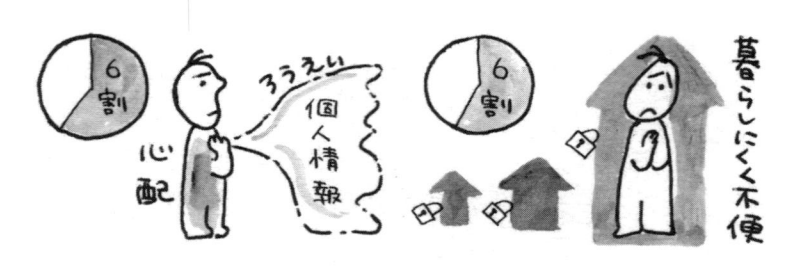

　2005年4月に全面施行された個人情報保護法については、個人情報保護を理由に、役所などが情報を隠すことや出し渋るケースが出ており、国民の多くが、こうした対応に不信を持ち、顔の見えない**匿名社会**の進行に不安を抱いていることが明らかになった。

世論調査の結果

- 役所などが個人情報を過度に保護することで**暮らしにくく不便な社会になる**との不安を
    「感じる」　57％
    「感じない」39％
- 個人情報保護法の**個人情報の有用性に配慮しつつ、個人の権利利益を保護する**という趣旨に沿って、同法が適正に運用されていると
    「思わない」61％
    「思う」25％
- 役所や学校、警察などで相次いでいる**個人情報の出し渋りの具体的事例**

六つについて、おかしいと思うかどうかを聞いたところ、すべてで「おかしいと思う」が「思わない」を上回った。「おかしい」と思う人が最も多かったのは、
> 「地方自治体が、災害時に助けが必要な一人暮らしのお年寄りなどの情報を、地域の世話役である民生委員に教えなくなった」84%
> 「病院などが、事件や事故でけがをした人の容体や、容疑者の入院の有無について、警察の問い合わせに応じなくなった」78%
> 「中央官庁や地方自治体が、懲戒処分の職員の氏名や、退職者の天下り先を公表しなくなった」78%、
> 「学校が、児童・生徒の緊急連絡網を廃止した」75%
>
> (2005年12月27日 読売新聞社)

▶ 2006年9月に行われた**内閣府**による、個人情報保護に関する**世論調査**の中の今後の個人情報保護の取組の方向性については、民間事業者からの個人情報が漏れる事案がある一方、例えば大規模災害のような緊急時に必要とされる個人情報の提供までが行われないことや学校や地域社会の緊急連絡網名簿の作成が中止されるといったように**過剰反応**と言われる状況も一部に見られるが、今後国や地方公共団体は、個人情報保護について、どのような方向で取り組んでいくべきだと思うか聞いたところ、

「これまで以上に個人情報の取扱いを厳しく規制すべき」18.6%、
「民間事業者の義務を緩和すべき」3.5%、
「規制を厳しくする分野と緩和する分野の両面があってもよい」63.3%
「現状のままでよい」10.2%　　　　　　　となっている。

このように国民のほとんどが個人情報保護法の施行によって、個人情報やプライバシーの流出、過剰保護などの諸問題を心配している。また、規制を厳しくする分野と緩和する分野の両面があってもよいことも国民は請求している。早急な個人情報保護法改正見直しが必要だ。

第6章　個人情報保護の課題

5　権力者に有利に向かってしまった個人情報保護法

個人情報保護法は、権力者にとって都合の悪い告発者への制圧、政治家の政治資金をめぐるスキャンダル報道に対する**逃げ道**として利用されると、以前から指摘されていたとおりになった。

▶週刊誌などのメディアが、長期的な取材事実に基づいた政治家、官僚などのスキャンダルの第一報を報道することによって、隠蔽されていたものが判明したことが過去にはたくさんあった。

▶ところが最近の政治家や大臣による事務所費問題については個人情報保護法やその他の法律を盾にして、結局のところ公表されることはなかった。

▶警察庁は、後で発生するであろう取材攻勢を考慮して、「**犯罪被害者の名前を発表するかどうかは警察が判断**する」こととしている。確かにマスコミの行き過ぎた取材に対する自主規制も必要だが、個人情報保護を理由に公権力が個人情報を操作してもいいのだろうか。

▶数年前に斡旋収賄容疑、受託収賄容疑で**逮捕**されて、437日にも及ぶ拘置日数が戦後の逮捕された国会議員の中で最長であった**国会議員**の言葉で「もし3年前に個人情報保護法があったら、私はあれほどマスコミに叩かれることはなかったでしょう。この法律があれば、私の個人情報があれほどマスコミに流出することはなかった

からです。権力者、政治家、高級官僚は、**個人情報保護法**を隠れ蓑に使いますよ。誰も彼らを批判できなくなります。私のような立場（国会議員）であれば、むしろ個人情報保護法は、あったほうが都合がいい。しかし、この法律が悪用されれば日本の社会は権力者の思うがままで、**不正があっても隠蔽されてしまう**危険性があります。」（『週刊現代』2005年10月15日号より抜粋）と述べていた。

> **情報公開制度**では、権力者が都合の悪い場合には公表を控えることや情報操作や情報隠蔽が当たり前になっているのが現実だ。

▶**情報公開制度**が普及するようになったが、この制度は「行政機関の保有する情報の公開に関する法律」に基づき、行政機関の保有する情報の一層の公開を図り、政府の保有するその諸活動を国民に説明する責務を全うするとともに、国民の的確な理解と批判の下にある公正で民主的な行政の推進に資することを目的とするものです。と規定されているにも拘らず、請求してみると、**個人情報保護を理由として黒ペンで塗りつぶ**されている部分があったり、デジタルデータでの不都合な部分は■■■■■■■■■■■でプリントアウトされていたり、資料の重要と思われる箇所の全てが黒塗りされることもある。

　これらのことは、個人情報保護法施行によって加速されたことになるので、権力者に有利になるようなことは禁止しないといけない。

第6章　個人情報保護の課題

6　個人情報漏洩罪可決によりあなたも刑務所行き

　個人情報を漏洩した行為者本人を処罰の対象とする個人情報漏洩罪を設けることが検討されている。(p.18参照)
　個人情報漏洩罪では、**6ヵ月以下の懲役**という刑事罰に処せられる予定だが、個人情報漏洩罪が可決されれば、だれもが犯罪者になりうるので、今まで以上に**過剰反応**に陥ることは間違いない。うっかりミスや意図的でないものまで犯罪にて処罰されることもあり得る。今後は、あなたも刑務所行きになる可能性も考えられる。

　個人情報保護法では、5000人分以上の個人情報を扱う企業と委託先の従業員や元従業員が、業務で知り得た個人データを**みだりに他人に知らせ**たり、**不当な目的に利用**したりすることを禁じることや従業員らがデータを不正な利益を図る目的で**第三者に提供**した場合、**懲役や罰金**を処すことになっている。

▶民間企業が保有する個人情報を本人の同意なしに第三者に提供することなどを禁じることになっているが、5000人分以上の個人情報を扱う企業が大臣の命令などに従わない場合、

↓

　　代表者らに**6ヵ月以下の懲役**などの罰則が処せられる。

▶個人情報保護法の「従業者に対する必要かつ適切な監督を行わなければならない」という規定に違反した場合

↓

勧告、命令

↓

命令に違反して初めて**処罰**の対象になる。

▶**処罰の対象**になるのは命令に違反した**監督責任者**や**代表者**であり、もともと意図的でない違法行為を行った従業員は処罰の対象にならないので、監督責任者や代表者のみの懲役になっているが、ほとんど罰則も適用されていないのが現状だ。個人情報を流出させた場合には、**申告して大臣の命令に応じていれば良いだけなので、個人情報保護法施行後も個人情報流出事件が後を絶たない。**

▶個人情報を保護するためには、代表者の管理責任だけではなく、個人情報を流出させた行為者本人を罰する法律が必要になることは理解できる。しかし、個人情報保護法施行後、個人情報流出に関する報道の多くからは、従業者が不正な利益を得るために第三者へデータを提供するという犯罪的行為は減少していることが伺え、車内に顧客データを置いていたところ、車上荒らしに遭いデータが盗まれることや電車の網棚にかばんを置いていて忘れてしまってかばんの中のデータが流出したなど、単なる**不注意**で発生しているケースが増えていることがわかる。

▶情報セキュリティー対策技術は発達しているものの限界があり、社員の一人一人の個人情報に対する能力を伸ばさない限り個人情報流出事件はなくならない。

　　不注意というような単純な過失による個人情報流出事件でも個人が罪に問われることになれば大変なことになる。毎日のように発生する個人情報流出事件で少なくても1事件につき一人が処罰されて前科が付くことになり、個人情報保護法に対する過剰反応を悪化させる恐れがある。

第6章　個人情報保護の課題

7　ネット自殺と個人情報保護法と通信の秘密との曖昧な関係

　インターネット上の自殺サイトへの対応として、**電気通信事業者協会**や**総務省**、**警察庁**が発表した指針は「**ネット掲示板**の書き込みに**自殺**する場所や動機、方法、自殺の意思を明確に示す表現があるなどの条件を満たせば、インターネット接続業者や掲示板管理者が、**書き込んだ人物の氏名や住所、電子メールアドレス**を警察の要請に応じて**開示**できる」とした。

▶**自殺をする人が毎年、3万人を突破して推移している**。交通死亡事故がここにきて1万人以下なので、自殺は約3倍以上になる。自殺、これは**不況、格差社会**だけの問題ではないようだ。**インターネット**の驚異的な進歩に合わせるように自殺者数が増えているのではなかろうか。

▶**自殺サイト**を閲覧すると、
・明らかに**自殺を幇助**するようなサイト
・**睡眠薬**などを裏取引するサイト
・言論の自由、表現の自由をいいことに、自殺に関する情報を**そのまま**放置しているサイトも存在している。

▶改善策として、インターネット上の自殺サイトへの対応を強化するためにインターネット接続業者が警察に対して、自殺予告などの文章を書き込んだ**発信者の個人情報を開示**するためにルールを明確化することが決定された。例えば、「**死にます**」「**電車に飛びこみます**」「**首をつります**」などの書き込みがあれば、素早く警察に情報提供できるようにルールを明確化して集団自殺などを防ぐことになった。（2005年9月）

▶しかし、自殺の表現はたくさんある。私のサイト (JOHO110.com) では、**ネット自殺についてのアンケート**調査を実施したところ、自殺に関することは全く記載してないにもかかわらず、毎日のようにどこから検索したものなのか数多くの人々がアンケートに答えてくれた。

- 29歳の男性は「自殺サイトの掲示板を利用して**集団自殺を予定**している。私のような世の中のならずものが生きていてもつらいだけ。最低、4名になれば実行しよう。一人では勇気が湧かないから」
- 13歳の女性は「私は、もうすぐ体の障害のために**自殺**します。世の中には生きていても死んだほうが幸せになる人がいることを忘れないでほしい」
- 22歳の女性は「自殺したい人が多すぎます。私も、もうすべてがイヤになりました。安楽死ができるのなら教えてほしいです。世の中には**自殺したほうが幸せになる**人もいますから」

と、回答している。

通信業者には、個人情報保護も当然のことながら**電気通信事業法で通信の秘密**を保護することが定められているが、「**一緒に死にませんか**」「**本気で自殺したい人を募集しています**」などの表現も開示条件に該当すると例示されており、いろいろな表現方法もあるなかで、**どこまで開示できるのか**疑問が残る。現在でも掲示板などに書かれた自殺予告や、集団自殺を呼びかける書き込みをした人物の情報を警察の要請に従って開示するのは例外的に認められているが、具体的な判断基準がないので、個人情報が開示されることもあり、**通信の秘密と個人情報保護の関係について明確に**示さないと、このままでは、自殺関係の掲示板への書き込みのすべてが該当することになる。

第6章 個人情報保護の課題

第7章　法律は守ってくれないので自分で守る

1　個人情報保護法施行後も名簿業者に顧客データが売られている

　個人情報保護法は、「個人情報取扱事業者は、あらかじめ本人の同意を得ないで、個人データを第三者に提供してはならない」と定めている。
　本人の同意がない限り個人データを第三者に提供できないことが原則だ。だから、個人情報が本人の知らないところで、**名簿業者**等に売却されることを防ぐ法律である。しかし、**個人情報保護法が施行された後でも名簿業者は存在している**。

▶**インターネット上**には、「名簿買います。名簿売ります！」といった広告が出ている。これらの名簿業者のシステムは名簿をいらない人から名簿を買い取り、その名簿を必要とする人に売る単なる名簿を売り買いする**仲介業**になる。

▶名簿業者が第三者提供の条件になるように、買い取る場合には、あらかじめ本人の**同意**を得ていることを満たしているようなことを確認して**署名**させている業者も存在する。また、**古本**としての扱いにも変更されていることもあり、この場合には、不正な取得にはあたらないことになっている。

▶個人情報保護法では、
・**悪質**な名簿業者を規制することが**不可能**になっているのが現状だ。
・また、個人情報保護法の施行で、**名簿の価値が上昇**してしまった。

▶最近では、各名簿をパソコンでデータベース化して独自項目別に編集した**オリジナル**を作成したり、企業からの依頼で、その企業にあったリストを作成して**DM**（ダイレクトメール）の**発送作業**を請け負ったりする業者も見受けられる。

名簿業者からは、主に次のような古書や同意を得た名簿が購入可能だ。

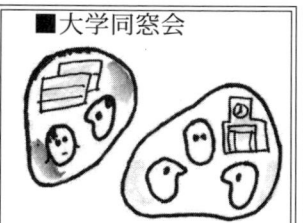

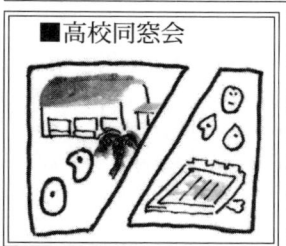

■大学同窓会

■学生（単学年在校生と卒業生）

■高校同窓会

■趣味、旅行、スポーツ

■レディス
全国中小デパート利用の主婦・高級品志向の女性・常時高額品購入者・自然化粧品購入者・女性開業医・女性社長・一流企業OL・一般主婦リスト・成人式を迎える女性・成人式を過ぎた女性・訪問販売利用の女性・銀座（東京）新地（大阪）のママさん他

■全国ゴルフ場会員名簿

■証券、金融、株主名簿（大手企業）・大口投資家リスト・株複数所有者リスト

第7章　法律は守ってくれないので自分で守る

■お金持ち
高額納税者・優良法人所得者・高額納税の会社社長・医師・優良中小企業・美術品購入者・お金持ちの配偶者他

■各種社員
金融・民間放送役職員・証券・リゾートクラブ・設計士事務所

■特選（業者・顧客）
保険契約者・柔道整復師・全国学習塾・薬剤師・百貨店洋品仕入担当者・高級印鑑所有者・全国ビデオショップ利用者・ローン利用者

■商工名鑑、全国法人会商工名鑑・年鑑

■エリート
医療関係（病院・医師・歯科医師・医籍総覧・医師会・日本製薬工業・薬剤師・医育機関・柔道整復師協会等）・有資格者（弁護士・会計士・税理士・弁理士・建築士・行政書士・司法書士・海事代理士・経営診断士）・ロータリークラブ・日本青年会議所会員・商工会議所他

■学会、官公庁、団体
経済同友会・公共企業体・地方公共団体職員・中央官庁・日本記者クラブ会員・各種学会他

■各界人名辞典
知名人名鑑・全国寺院大鑑・日本博士名鑑・会社役員・叙勲者名鑑・人事録・全国団体名簿他

■教職員
学校別職員録（各大学、短大、高専、高校等）・都道府県別教育関係職員録他

この他変わった名簿や古書としては、
　精力剤購入者・愛人バンク・テレクラ利用者・テレクラさくら・一人でカラオケに歌いに行く人・年3回以上海外旅行経験者・ハゲかけている人などがあり、驚いたことに確実に医療関係者から個人情報が漏れたと考えられる「あと半年で死亡見込み者名簿」などが取り引きされる場合もある。

▶このような**多種多様**の同意を得た名簿や古書がデータとして売られている。業者に確認したところ「ホームページで所有する名簿を明らかにし、苦情の受け付け窓口を設け、同意を得た**本人から求めがあれば手数料を取って情報を抹消**する。それ以降は第三者への提供はしない。この仕組みを確立していれば法律上は問題ない」との主張をしている。

　本当に第三者に提供することに同意している名簿なのか不思議だが、個人情報保護法施行後も、無断であなたの名前も勝手に売られている可能性もある。早期の法律改正を希望したいものだ。

2　ごみは個人情報保護法には無関係

　個人情報保護法施行により、ハンドペーパーシュレッダーという机の上に置けるスモールサイズのシュレッダーが爆発的に売れている。**住所や名前**が書かれている明細書、手紙などは、見えないように**黒塗り**するか、**シュレッダー**などで細かくするなどしてからごみに出すことを心がけたい。生活をしていれば、必ず何らかの形で**ごみ**が出る。

> ごみは時によっては、自分の個人情報を詳細に漏らす。

- ▶クレジットカード利用時の控えでは**カード番号**、
- ▶そのカードでの**買い物履歴**、
- ▶コンビニなどのレシートでは**いつどこで何を購入したか、好きな食べ物**や
- ▶高速道路の通行料金支払い領収書からは、おおよその**走行ルート**、
- ▶女性の生理用品から**生理周期**、
- ▶電話の請求書からは**利用料金額**や発信履歴サービスを受けている場合には、**いつだれにダイヤル**したかの情報、
- ▶給料明細からは欠勤、遅刻などの**勤務実態**、
- ▶メモ落書きからは**思考情報**、
- ▶手紙からは**相手**やその**内容**、
- ▶病院の薬袋からは**病名、健康状態**、
- ▶キャッシュカードの利用明細からは**取引銀行**や**利用残高**などと、

　　　ありとあらゆる生活情報や趣味嗜好までがごみから収集できる。

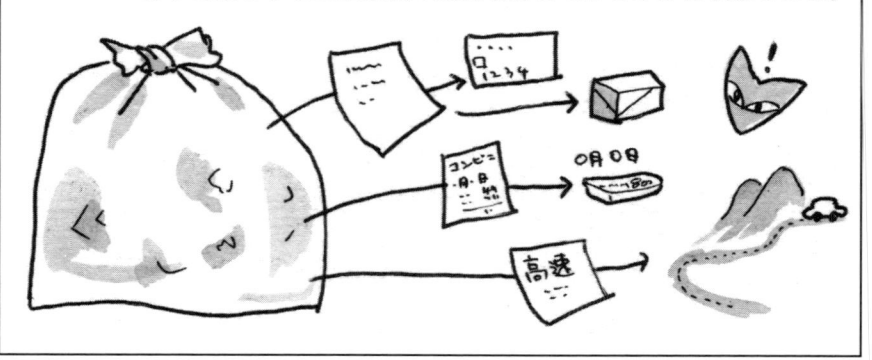

　ストーカーが対象者の個人情報収集のために、最初に行うことは対象者のごみあさりであることは言うまでもない。このようなごみからの情報を漏らさないためにも特にゴミ出しには充分気をつける必要がある。

手でビリビリ破って捨てていても、ジグソーパズルの要領で組み合わせることが可能になるので、ごみの出し方には注意しよう。

> ごみの出し方
> - **清掃車**の清掃係の人に直接手渡す。
>   本人はいらなくなったのでごみとなるが、ごみは個人情報の宝庫だ。一度前日に出したごみが本当に清掃車が持って行ったか確認してほしい。だれかに持って行かれて見られている可能性もある。
> - **焼却炉**などを設置して燃やせるゴミは燃やして情報を隠滅するように念には念を入れたい。
> - **ごみを出すとき**にだれのごみかバレないようにごみ袋のくくり方や形を日々変えることなども必要。
>
> パソコンやパソコン内のデータの廃棄について
> - **コンピュータを廃棄時**にも情報が抜き取られる場合もある。
>   新聞やテレビなどで「**重要データが保存されたままのパソコン**が中古PC店で見つかった」との報道が多発している。過去には病院から捨てられたとされる**患者の病歴**や**警察の捜査情報**が記録された中古パソコンも発見された。
> - **PCリサイクル法**の施行に従って、パソコンを粗大ゴミとして各自治体へ出すことはできなくなり、PCリサイクルマークが付いていないPCを国内大手メーカーに返送する場合は有償となる。また、回収するメーカーなどが存在しないPCは通常「有限責任中間法人パソコン推進センター」などへ送るか、買い取り専門業者に処分してもらうかになる。その**買い取り業者**がデータを取り出して裏の名簿業者に販売していたことも過去にはあった。
> - 「**ごみ箱を空にする**」機能を使っても、ハードディスク内にデータが残っているので、市販されている**データ復活ソフト**で簡単に復活する。廃棄や譲渡にあたっては、ハードディスク内のデータを完全消去するソフトを利用する方法が一般的だが、ソフトを購入しないならば、ハードディスクを取り出してとんかちなどで潰してしまう必要がある。
> - パソコンをリースしている場合でも、リース終了後の回収によって運悪くリース会社で個人情報を漏洩されても責任はリース会社だけではなく、利用者側にも個人情報保護法で、社会責任が問われる。

ごみから分かる個人情報は、個人情報保護法には全く関係がない。

3　個人情報保護法施行後も懸賞応募は危険

　懸賞に応募するということは、あなたの**個人情報**を「業者に売っている」と考えたほうが良い。

▶懸賞に応募した個人情報が流出した場合には当然のことながら個人情報保護法による罰則が適用される。**個人情報保護法**では、懸賞での個人情報の扱いについては「個人情報を集める際には**目的を告知する**」「目的以外の利用をする場合は**本人の同意を得る**」などと定めている。

　インターネットショッピングサイトや懸賞サイトは数多く存在しているが、懸賞に応募するときには、最低限、前記のような告知があるか確認することは言うまでもない。

▶**目的外利用**については本人の同意を得ることになっているが、その個人情報取扱い方法について「**関連会社やグループ会社にサービスを提供する場合があります**」などと記載されている場合もあり、その場合には同意を得ているので、グループ会社に登録した個人情報を横流ししたとしても問題がないことになる。

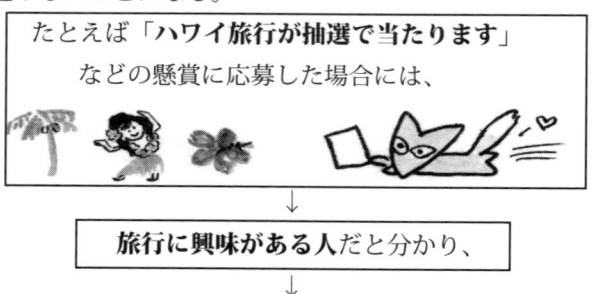

　たとえば「**ハワイ旅行が抽選で当たります**」などの懸賞に応募した場合には、

　↓

　旅行に興味がある人だと分かり、

　↓

　グループ会社に旅行関連会社があった場合には、そこに懸賞に応募した人の個人情報を提供されることもある。

　これは、**マーケティング活動**のひとつで、興味がある顧客にＤＭなどを送付して、自社の商品等を購入させる目的で行われる。

▶特に**インターネットでの懸賞**は、危険が増大する。
・ホームページは誰もが簡単に開設でき、
・葉書などでの懸賞応募の場合は、データベース化のために内容をキーボード作業にて誰かが打ち込む作業が必要になるのに対して、インターネット応募の場合は、自動的に**データベース化**されるようにシステムを設定しているので、データベース化のための人件費が節約でき、悪質業者のデータベース化の手助けを応募者みずからしていることになる。

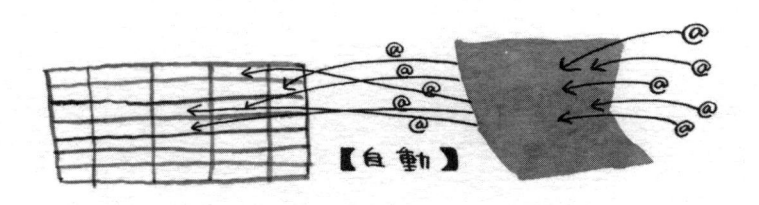

　悪質業者によっては「高級外車が当たります」と告知して、応募してきた個人情報だけを利用することもある。
　高級外車は**誰も当選していない**のが現実で、悪質業者の手口の多くが住所、氏名、年齢以外に、職業、家族構成などの**不必要な情報を多く要求**されるのが特徴だ。

　賞品を実際に提供しているのを確認することができないものが多く、宝くじのように、実際に当選者を出しているのかが応募者側からは分からない仕組になっている。不必要な質問が多数含まれているものや出所がはっきりとしない懸賞については、懸賞主の業者が存在しているかについて 104 などの電話番号案内などで確認してから応募する必要がある。

　個人情報保護法は、企業の個人情報管理に対して厳しい義務を課している法律だが悪質業者は法律の抜け道を探り、法律を犯してでも個人情報を入手している。

4　クレジットカード作成時には個人情報流出に合意している

> 個人情報保護法が可決されたにも拘らず信用情報機関に登録されれば**銀行、信販会社**、全国の**サラ金業者**に、過去にお金を借りた記録、ローンを組んだ記録などが登録されることになる。

▶あなたが新しく**クレジットカードの新規申し込み**を終えたとする。その時、**信用情報機関**に、住所、氏名、契約内容、これまでの支払い状況などが**自動的に登録**される。サラ金業者のはしごを防止するためだ。

▶「承諾をしていないのにどうして」と思うだろうが、契約書を取り出して注意深く読んでみると、「**他の信用情報機関への個人情報の登録契約に合意する**」となっている。この契約書には見えないほどの大きさの文字であるが以下のように確かに書かれている。

> **信用情報の利用**ならびに**登録**の項目
>
> 　　当社が入会審査および会員の資格審査を行うに際して、**日本クレジットカード協会加盟**のクレジット会社、当社が加盟する**信用情報機関**および当該信用情報機関と**提携**する信用情報機関に、
>
> ↓
>
> 会員および入会申込者の**信用情報**が登録されている場合には
>
> ↓
>
> **当社がこれを利用することに同意**するものとします。
> 本規定により発生した客観的な取引事実に基づく**信用情報**及び**入会申込の事実**を、
>
> ↓
>
> 日本クレジットカード協会加盟のクレジット会社、当社が加盟する信用情報機関に**7年**を超えない期間**登録**されることを合意するものとします。

▶これらの契約は、知らないうちに（読まないうちに）合意していることになっているのだ。これは**ブラック情報**と言われる、返済できない金額の借り入れ防止や延滞などの事故情報をやりとりするために利用されることになっているので、**当然**のことだと考えられるが、驚いたことにあるカード会社では次のような記載があった。

> 会員は当社を含む×××**グループ各社**および当社が認めた**会社等**から、
> - ●会員に**各種宣伝物**を郵送、電話、E-maill 等を用いて送付または通知することをあらかじめ同意するものとします。
> - ●但し、会員が当社に対して反対の意思を示した場合はこの限りではないものとします。

　いいかえれば個人情報を外部に漏らすことに同意して、いやなら反対の意思を示すことになっている。何人の人が、この規約を読んで各種宣伝物を郵送、電話、E-mail で送付または通知することに対して取り止めの意思を示したことだろうか。先日、この信用情報機関の一つで、非会員企業の債務回収業者に取り立て先の住所などの情報が社員の手によって**転売**される事件が発生した。

▶また、これらのカード会社の担当社員は、顧客のカードの**購買履歴**も簡単に知ることができる。それらの情報から趣味、嗜好などの**個人情報**が転売されない保証はない。

　クレジットカードを作成する際には慎重に行ってほしい。個人情報保護法でもなかなか対応できない世界だからだ。

5　聞き込みは個人情報保護法と無関係

> あなたの**個人情報**は、あなたの**周囲の人から漏れる**ことが多い。

　探偵がよく利用する手口として**聞き込み**がある。聞き込みとは、辞書で調べてみると「聞いて知ること。刑事などが犯罪捜査のためにあちこち聞いてまわること」となっている。

　たとえば、

▶町内会などの責任者を名乗って電話で近所の人に

　「防災非難所対策のために人数確認を実施しているのですが、お宅の家族構成と緊急連絡先の電話番号をお願いします」と、まず関係のない近所の人の情報を聞き出して、

　　　　　　↓

　次に**ターゲット**となる「お向かいの何々様はここ3日ほど不在であり確認がとれないのですが何かご存じですか、対策確認期限が迫っているので教えてください」と聞きだすと、たいていは家族構成、職業等、うまくいけばもっと突っ込んだ情報まで聞き出せる。

▶住所から電話番号を聞き出す手段は宅配便の業者を装って、あなたのマンションの管理人や大家、不動産屋などに電話を入れて、

　「こちらは、何々宅配便ですが何々さんのところに荷物を届けたいのですが、不在のようなので、連絡をとりたいのですが、伝票に書いてある電話番号が雨に濡れて解読不能なので電話番号を教えてください」と聞き出すこともある。

▶もう一つ、直接近所の人に訪問して聞き出す方法で、よく使われる手がセールスマンを装う手口だ。

　最初にターゲット以外の近所の人に何らかのパンフレットと手土産を用意して訪問し、セールスをする。この場合、セールスがうまくいかないように注意して話し、次に近所に売り込みを掛けたいことを話して、近所の近況などを尋ねながら次第にターゲットのことを、それとなく聞き出してしまう方法がある。

▶また、直接あなたの親に聞く場合は
　「何々中学の同窓会実行委員の○○○と申します。このたび卒業式当日に宝物を入れたタイムカプセルを埋めまして15年後の何月何日に掘り起こすと同時に15年ぶりに同窓会を行いますので何々様にも是非出席していただくように連絡を取りたいのですが現状をお教えくだされば幸いです」と、告げると簡単に教える。

　このように、個人情報保護法が施行され、自分自身がプライバシーのことに充分注意していても、周囲の人々は個人情報の保護について関心がないので、他人や家族のことなら簡単に教えてしまう。周囲の人には常日頃から何かあったらすぐに教えてもらうのと同時に「一切の個人情報を第三者に教えないでほしい」と徹底した根回しが必要になる。
　個人情報保護法が悪人にとって、都合の良い法律にならないようにしてほしいものだ。

6 法律施行後もなくならない DM はこう対処せよ

> **DM 拒否の方法**
>
> ●社団法人**日本通信販売協会**に連絡して
> 　「DMが不要である」ことを告げ葉書で住所、氏名（漢字とカタカナで記載）を事務局まで郵送すると少なくとも社団法人日本通信販売協会に加入している業者からのDMは止めることができる。
>
> ●別の方法としては、紙などに**受取拒否**と書いて、氏名、住所を書いて印鑑を押して郵便物に貼ってポストに投函すれば郵便局から差出人に戻される。ただし、受け取り拒否が出来る郵便物は、**開封前**の郵便物だけになので、開封しないように注意してほしい。業者も不必要なDMは経費のムダなので送付される率は低くなる。

▶もともとDMは、送付したい人の購買意識やライフスタイルなどを考慮して送付されている。たとえば、成人式用の着物のDMを70歳のおばあさんに送付しても全く効果がなく電話帳通りにDMを送付しても無駄な出費となるからだ。

▶よく問題になる例では、一度、出生時の情報が漏れてデータベースに登録されると幼児期では幼児教育の教材や、小学期には英語教材、塾の入塾案内、中学期には高校受験案内や専門学校などからの案内、20歳になると成人式関係などのDMが人生の節目節目に届く。

主婦Ａさん（40歳）の自宅の郵便受けには、生きていれば今中学３年生になる息子への、塾や家庭教師、受験関係のダイレクトメールが毎年春先になると届く。実はこの主婦の息子は５年前に交通事故で亡くなったのだ。これらのダイレクトメールを見るたびに涙ぐんでしまう。それどころか電話で直接息子さんに塾や教材の勧誘電話がかかってくることもある。今では親よりまず本人から勧誘する業者が多いので、その主婦は「息子は死去した」ともいえず不在であると告げている。そのためいつも電話の呼びだし音におびえて生活している。親は、それらのＤＭでせっかく子供のことを忘れかけたときに、今は亡き子供のことを思い出し、その都度悲しい思いをする。また、送付した業者もメリットはない。

ナンバーディスプレイサービス

　電話勧誘に対しては、このサービスを利用すると受話器を取る前に相手の電話番号が分かるので契約するとよい。

　非通知の場合は一旦、留守電で対応し、勧誘電話であった場合には、ナンバーリクエストサービスで、着信拒否を設定すると、今後も指定した電話番号は着信拒否することが可能になる。

　最近の電話機には電話機側にこのようなサービスが付加されているものもあり、携帯電話では、ほぼ全ての機種がこの対応ができるようになった。

　ＤＭの流出先企業を確認する方法として、今後、何らかの理由で住所を登録する必要がある場合には、住所の最後にＡなどのアルファベットをつけておいて、どこどこの登録時には、Ａとし、他はＢやＣとしておくと、ＤＭのあて先で、どこに登録した際の住所なのかを追跡できる。このようなことも参考にしてほしい。

第7章　法律は守ってくれないので自分で守る　　127

7　開示請求して自分の個人情報を知っておく

民間機関には個人情報保護法、行政機関には行政機関等個人情報保護法に基づいて各機関に登録されている**自分の個人情報について開示請求**することが可能になった。

▶**手数料**が500円前後かかる仕組みになっている。
また、行政機関では郵送でも可能になっている。

民間機関では、それぞれが独立した規約を作成しているので、各機関等に詳細な申請方法は確認してほしい。

行政機関では、
＊開示請求者が開示する予定の個人情報の**本人であることを確認**するために、
　・窓口で受付する場合
　　　　運転免許証、健康保険の被保険者証、外国人登録証明書、住民基本台帳カード等を提示又は提出する。

　・郵送で受付する場合
　　　　運転免許証等の写しのほかに、**住民票の写し又は外国人登録原票の写し**（30日以内に作成されたものに限る。）を郵送する。
＊開示請求の際には、内容にもよるが、開示・不開示の決定には所定の手続きが必要になり、開示請求と同時に決定・開示の実施はできないことになっている。

＊**開示請求できる文書**は、保有する文書、図画及び電磁的記録（フロッピーディスク、録音テープ、磁気ディスク等に記録された電子情報）に記録されている「**個人情報**」（保有個人情報）である。

▶自分の個人情報を開示請求する事例
　＊民間機関に対して
　　●**ローン完済**の履歴などを信用情報機関センターに

　＊行政機関に対して
　　●**役所からの郵便物の宛名**が一字違っていたとき
　　●**死去した人宛に郵便物**が届いたとき
　　●自宅宛に**DM**が極端に増えたので、過去の住民票の交付記録などを開示請求するとき

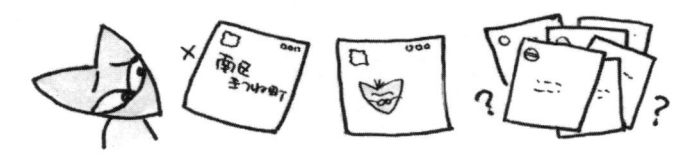

　　●年金請求時に**戸籍謄本**を確認したところ、記載のある自分の名前が変わっていたので開示請求した。その結果、単なるコンピューター入力のミスと判明した。

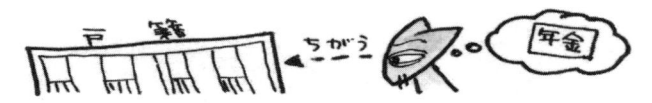

▶開示請求の結果によっては、その内容が事実でない場合には、以下の基準に基づいて個人情報の**訂正を請求**することも可能になった。
　　●適法に取得されたものではない。
　　●利用目的の達成に必要な範囲を超えて保有されている。
▶また、所定の事由に該当しないにもかかわらず利用目的以外の目的で利用又は提供されていると考えられるときは、保有する個人情報の利用の停止、消去、提供の停止を請求できる。

　このような開示請求を知って、何か問題が発生しそうな場合や不安なときには、民間や行政機関に対して、この制度を大いに活用する必要がある。

第7章　法律は守ってくれないので自分で守る

第8章　企業の存続に必要な個人情報保護知識

1　企業は社員の個人情報を守る必要がある

企業は、会社の顧客情報のみに敏感になり、**社員の個人情報保護までは管理が行き届いていない。**

▶会社員の場合には、仕事は自分一人でするのではなく必ず複数で多種多様の仕事をし、それぞれに担当社員がいる。一部のプライバシーに無関心な社員が外部に同僚の個人情報を漏らす場合が多くなっている。
▶例えば、ターゲットの社員に就業時間後電話をかけて帰宅を確認する。まだ会社にいれば電話を切る（会社の場合は内線転送機能が複雑な場合が多く電話が切れていても不思議ではない）。

　帰宅していれば、でたらめな会社名、担当、氏名を名乗り「どうしても〇〇の件で至急連絡を取りたいのですが自宅の電話番号を教えてください」などと告げると対応した社員が重要な仕事上のことかと思い、社員名簿を確認して簡単に教えてしまう。
　最初に対応した社員が個人情報管理に関しての知識が強く、教えてもらえなかった場合にも後日、同じ手口で電話をかけ、別の社員なら教える場合も多々ある。
　意外だが、顧客の個人情報の情報管理は研修や勉強会などで教育を受けていても、社員の個人情報保護に関しての職場での意思統一ができていないことが多い。その場で応対した社員の判断に任されているからだ。

▶会社には履歴書や社員名簿などの多くの**社員の個人情報**が蓄積されている。ほとんどの企業には**社員名簿**がある。普通の社員名簿は、取締役の住所、電話番号から平社員まで全ての部署の社員の情報が細かく記載されている。仕事上必要なのは同部署の社員や上司の連絡先ぐらいで全く関係のない部署の社員の情報は不必要なのに、残念ながら個人情報保護法施行後も社員名簿が印刷されて全社員に配られている。

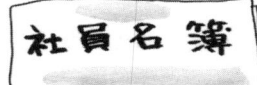

▶過去に実際にあった恐ろしい事件では、**某航空会社**の労働組合が、**客室乗務員**について、支持政党や容姿など不必要な個人情報を無断で集め内容を外部へ流出させていたこともあった。本人の同意を得ず不必要な情報を集めることを禁じた**個人情報保護法の施行後も**収集を続けていた。会社から提供を受けた客室乗務員の名前、住所、電話番号、職位に加えて労働組合側が独自に**病歴**や**支持政党、容姿、性格、交友関係**などを追加して支部の代表者などに保管させていた。

社内では社員の個人情報の取り扱いについて徹底した**意思統一**を図り、あいまいな問い合わせには折り返し連絡するなどの姿勢が必要だ。

日本は個人情報保護全体に関して無関心で、会社は社員一人一人の個人情報に関しては更に無関心だ。

だから、顧客の個人情報を守るには、まずは社員の情報を守るように**意識改革**をしていく必要がある。

第8章 企業の存続に必要な個人情報保護知識

2　商業登記簿は個人情報保護法の適用除外

> 行政機関の保有する個人情報の保護に関する法律の概要によると
> 「開示について、**商業登記簿等、特許原簿等、訴訟に関する書類**等に記録された個人情報については**適用除外**とする。」となっている。

▶上記に続き、「商業登記簿等、特許原簿等、刑事訴訟法に基づく訴訟に関する書類等については、一般的な行政文書と異なり、**独自の完結した体系的な開示の制度**の下にある。これらの文書について認証のない写しの交付を認めることは、これらの文書に係る制度の趣旨を損なうことから、これらの文書については、行政機関の保有する情報の公開に関する法律の制定時に情報公開法を適用除外とする措置を講じている」と記されている。

商業登記簿とは、

　　会社名、資本金金額や資産、住所、社長及び役員の住所、氏名などが記載されるもので、その商業登記簿ひとつで会社の経営状況が分かる。

商業登記簿の**閲覧**の方法

　　その会社がある都道府県の**法務局**で簡単に閲覧できる。

　　自分の印鑑を持ってその会社がある都道府県の法務局に出向いて申請書類に自分の名前、住所と閲覧したい会社の社名と所在地を記入して自分の名前の横にハンコを押して登記印紙を貼って提出すれば、だれでも**簡単に閲覧が可能**になる。また、閲覧者のチェックは行われない。

謄本の受け取り

　　申請書に 1000 円の**登記印紙**を貼って商業登記簿謄本を申請すれば 20 分ほどで名前が呼ばれて発行される。

郵送による取得も可能

　　わざわざ遠くの法務局に出かけなくても、全部郵便で済ませることも可能

この商業登記簿の申請は

　　不動産関係者や金融業者　　　　中には**探偵・興信所**などの調
　　が主に利用している　　　　　　　査業の人も利用している

▶会社を設立するには**設立登記**申請届出をすることが義務づけられており、個人情報が漏れるからと言って設立登記申請届出をしないと株式会社、有限会社を設立できない決まりになっている。

▶法務局には、**土地台帳・建物台帳**というデータもある。ここでは土地・建物の**住所・氏名・抵当権（借金の担保）の**有無が簡単に分かるようになっている。**不動産の登記簿**にも**住所、氏名**などの個人情報が記載されている。

▶個人情報保護法によって閲覧を制限すると、会社の**乗っ取り**や不動産の**不正登記**などにつながる。

　考え方を変えれば、会社情報はいつも何者かに閲覧されうると思っていいわけで、見られてもはずかしくないように立派に事業に取り組みたい。この第三者の閲覧を個人情報保護法などの各種法律で阻止できないから会社情報には個人情報は存在しないものと考えるのが普通だ。

　会社の社長や役員は、お金持ちが多いので、過去には、商業登記簿から拐事件なども発生した。会社の社長や役員の個人情報も守りたいことだが、現行の個人情報保護法では対処できないようになっている。

3 セキュリティーについて

> 顧客情報大量流出事件は、**内部の人間**が直接関わっているものや手助けしたものが大半を占める。

▶コンピューターセキュリティーにお金をかけて完全なシステムを構築してもデータ流出を完全に防ぐことはできない。職場では、昔と比べて分業制が広まり、仕事形態も派遣社員、委託社員などが頻繁に入り込むようになった。その結果、いくら対策をしても中にいる人間がデータを持ち出すことを完全に防ぐことは不可能だ。また、データベースにアクセスできる者やセキュリティーを担当している社員などが不正にかかわると被害が大きくなることは言うまでもない。

アクセス制限や監視システムを構築しても、内部の人間は、そのシステムの弱点も分かっていることから対策も非常に難しい。また、これらの個人情報流出事件では、振り込め詐欺や恐喝などの大きな犯罪へとつながることもあり、そうなれば報道されることによってダメージが更に大きくなる。

▶しかし、実際のところ、内部犯行については技術が日々、発展を遂げているので、次第に減ってきている。今までの、スパイソフトのダウンロード、メールマガジン配信ミス、ファイル交換ソフトウィニーによる情報流出、不正アクセス（ホームページを閲覧しただけで悪質なソフトが送信されてキー情報やパソコン内データが勝手に転送される場合）などもあったが、**技術の進歩によって改善されつつある**。

> 今の情報流出の原因として**パソコンの盗難・紛失**が一番多くなっている。

コンピュータウイルスやセキュリティー不備による情報流出についてもワクチンソフトの対応やその他セキュリティー技術によって対策が進んでいるが、パソコンの盗難・紛失による情報流出に有効な対策については遅れている。

盗難対策
- ●パソコンを**鍵付きワイヤー**で固定する。
- ●使わないときはお金のようにパソコンを**金庫**に収納する。
- ●盗難や紛失した場合に備えて、**データを暗号化**する。暗号化してハードディスクに記憶されると、第三者が不正に情報を入手してもまったく解読することはできない。その際、自動的に暗号化してくれる**暗号化ソフトウェア**の導入が必要である。

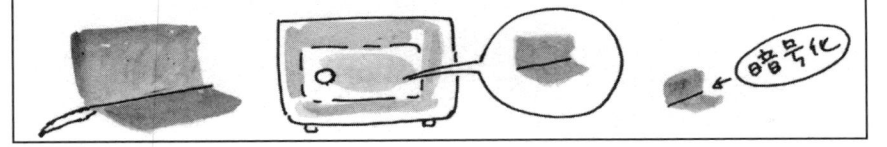

データ流出対策（内部の人間が直接関わっているものや手助けしたもの）
- ●個人情報を取り扱う社員それぞれに**アクセス制限**をかける。
- ●データに**アクセス**した場合、誰がいつアクセスしたか、どのような処理がなされたかを把握できるようにする。
- ●情報管理室やセキュリティー室に入る場合には、
   - ・**監視カメラ**の設置。
   - ・飛行機の入場ゲートにもある**金属探知機**などで、記憶媒体や携帯電話持込について監視を行う。
   - ・入室する際の服装として、**ポケットのない**ものを採用する。

すでにこのようなことを採用している企業もある。

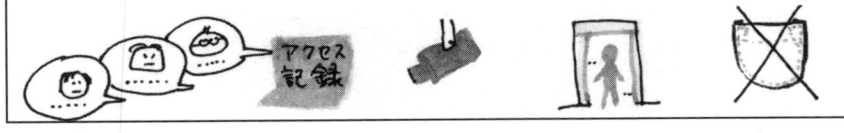

　念には念を入れないと顧客データ情報が流出して企業存続の危機に直面するからだ。

第8章　企業の存続に必要な個人情報保護知識　　135

4　社員教育よりも個人意識の問題

> 　個人情報が外部に流出するという不祥事が個人情報保護法施行後も止まる気配は全くない。例えば、顧客名簿を管理していたパソコンが盗難に遭遇した。このようなことが発生した場合は、パソコンを盗まれた被害者であるのだが、個人情報保護法によって、逆に加害者にもなる。企業の信用問題になり、消費者の信用が一気に低下し、社会にも損害を与えることになる。

▶個人情報流出のほとんどが**盗難**や**不注意**による、普段から気をつけていれば防ぐことができるものが多い。

- 「営業活動の合間に公園のベンチで仮眠をしていたところ、顧客名簿が入ったかばんが盗まれた」
- 「飲み会から帰る際に寝てしまって電車の中でかばんが盗まれた。かばんの中には顧客データが入ったパソコンが入っていた」
- 「仕事を月末に終えるために仕事を持ち帰って、禁止されているのに自宅のパソコンにデータを移したところ、ウイルスに感染していてデータが漏れた」

このようなことからハードディスクを内蔵していないパソコンも登場した。

▶このような盗難や不注意によるミスの多発からは、大切な顧客データなのに社員一人一人の顧客の個人情報に対する意識が低いことが伺える。仮に100万人のデータが入っているパソコンが不注意によって、データが流出して損害賠償を請求される前のお詫び文を送付するだけでも100万人×80円＝8000万円の郵送料がかかる。だから最低でも8000万円の**有価証券**を持っているものと認識させる必要がある。

▶個人情報管理に各企業が完全なる対策をしても顧客情報が流出してしまう場合がある。それは、**名簿ブローカー**といわれる裏で仕事をしている人に、**個人情報の売買**を持ちかけられる場合だ。

　名簿ブローカーは、電話会社や金融業者、警察の関係者に、顧客の契約内容の情報提供を打診して、データを高額で買い取る約束をする。名簿ブローカーがそれらのターゲットを探す方法だが、消費者金融などの裏データから借金で首が回らないような人をピックアップしているので、高額で打診されれば、罪に問われることを承知でついやってしまう。

　情報は固形物ではない無形物なので、例えば、現金などがなくなっていれば必ず気付くが、個人情報を記録媒体にコピーして名簿ブローカーに横流ししても、うまく行けば個人情報の盗難に**気付かない場合が多い**。

▶また、**たかが**個人情報の流出程度で、それほど顧客に被害が及ばないと考えがちだが、それは間違いで、個人情報流出から発生する可能性がある被害例としては、フィッシング詐欺（メールより）送り付け商法（住所より）振り込め詐欺（顧客データより）泥棒（納税者リストなどから）いやがらせやストーカー（女性一人暮しリストから）などで、最悪の場合では、殺人などの凶悪犯罪に発展する場合もあり得るのだ。

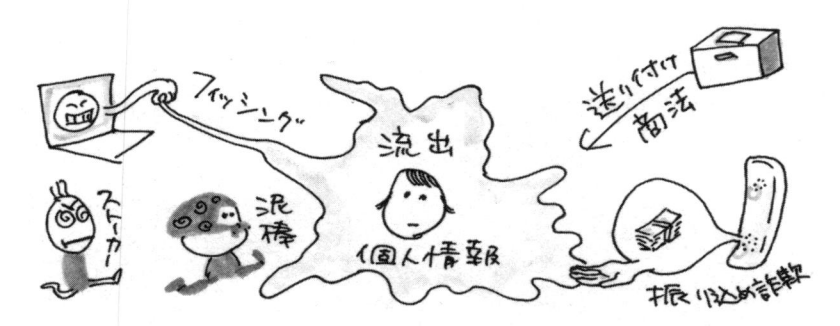

第8章　企業の存続に必要な個人情報保護知識

5　個人情報が流出してしまった際の対策の有無による処罰

> 不幸にして、社員が顧客データを流出させた場合には、企業は重大なダメージを受けるが、その企業が個人情報保護対策を厳重に実行していた場合としていなかった場合の違いについて大きく今後が左右される。

対策していた場合には、例えば記者会見時に、
- 当社のプライバシーポリシーは、ホームページに記載している通りです。
- 情報セキュリティーに関しても外部機関から認証を取得しています。
- 盗難された個人情報ファイルは厳重な暗号化が実施しています。解読することは理論上不可能です。
- 経済産業分野のガイドラインに沿って、事件の公表と情報主体ご本人への通知とお詫びを申し上げました。
- この件で何らかの被害に遭われることは、可能性として極めて低いと考えております。

と発表することで、このことが真実なら不起訴になり損害賠償責任も発生しない可能性が大きい。

対策していなかった場合
- 当社の社員の一人が勝手に個人情報データを持ち出したことで、当社には関係がないことです。
- 日頃から個人情報は大切に扱うように注意をしていました。
- セキュリティー対策も、徐々にしているのですが、まだ未整備です。
- とにかく申し訳ありません

との会見をした場合には、明らかに個人情報保護責任を怠ったことで、社員の管理は企業の責任、社員の教育も事業者の責務として実施する必要があるので、刑事責任を問われたり損害賠償の民事訴訟が起きる可能性が高くなることは言うまでもない。

個人情報保護法では、個人情報が流出した個人や団体の届出や訴えによって、事業者に刑罰が処せられるもので、その個人や団体が苦情処理機関または当該事業者に訴え出ない限り、事業者は処罰されない。個人情報が流出した後、すぐにお詫びの手紙や500円ほどの商品券などを送付して、訴えられないように対策しているのが現状だ。

```
顧客データが流出した場合
```
↓
```
関係機関への通報・連絡が必要
　警察への連絡、所管官庁への報告
```
↓
```
主務大臣より個人情報の取扱に関する報告を求められた場合に報告する必要があり、
```
↓
　　　　　　　　その報告を無視したり虚偽の報告をすると
　　　　　　　　30万円以下の罰金が科される。
```
報告の結果、主務大臣より勧告を受けた、
あるいは違反行為の中止や是正を求められると、
```
↓
```
これに応じなかった場合には、6ヵ月以下の懲役または30万円以下の罰金が処せられる。
```
=
```
よって、個人情報保護対策を完全にしている場合には、処罰されないのが普通だ。
```

　大企業のほとんどが個人情報保護対策を講じているが、中小企業では、手が回らないのが現状である。今後は、中小企業においても個人情報保護対策について真剣に考える必要がある。

6　極秘書類とは何かを意識統一させる

　新入社員が入社後に受ける個人情報保護研修では、極秘情報や重要書類は絶対に添付書類として電子メールで送信しないことや書類の処分時にはシュレッダーにかけるように教育される。

> しかし、新入社員のほとんどが、どのような書類が極秘書類か重要書類かを判断する能力は乏しいことが伺える。

　先日ある銀行で、各支店長が集まる役員会議が行われた。資料のコピーを上司から任された新入社員は、はじめて仕事が与えられたので、張り切っていた。

　上司から渡されたフラッシュメモリーの中にある「会議資料」をパソコンでプリントアウトし、その書類をコピーしていたところ、うっかり、サイズ違いのミスコピーを10枚ほど出してしまった。新入社員は、もったいないと認識してメモ用紙に利用しようと、コピー機横の棚に載せたまま、他の書類のコピーを続けた。

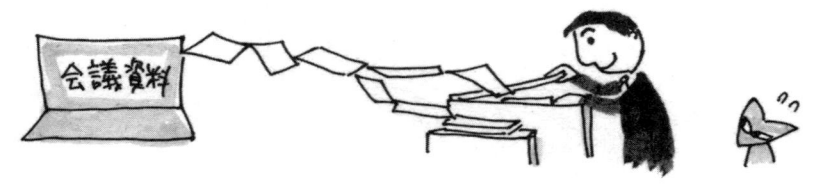

　会議は無事に終了した。次の日にミスコピーのことを思い出して取りに行き、メモ用紙や裏側をプリント用紙として利用しようと自分のデスクの引き出しに入れていた。

　しかし、その書類は、顧客に新規サービスの対象者の絞り込みを行ってDMを発送する資料で顧客の口座番号、預金残高、住所などが記載されていた重要な書類であった。

その後、取引先の問い合わせの回答をファックスするために、そのミスコピーの裏を利用してプリントアウトを行いファックス送信したところ、間違えて、表側の重要書類を送信してしまった。

　取引先からの連絡で間違いが判明したが、個人情報保護法の規定により金融庁に届け出たことによって、メディアで報道された。当然、この銀行は業務改善命令を受けて社会的にも大きな痛手をうけた。

　この新入社員は「重要な書類はシュレッダーに入れることは知っていたが、何が重要な書類なのか判別できなかった。研修時に無駄をなくすことも指導されていたので、もったいないと思って会議時のミスコピーを利用してしまった」と説明をした。

　個人情報保護法が施行されているにも拘らず、会社にある顧客情報の重要性を社員によっては、軽視する傾向があることは言うまでもない。たった一人の社員の不注意や認識不足によって、組織全体に迷惑がかかってしまう。
　この銀行では改善策として、極秘書類、重要書類については、極秘、重要、部外秘、注意などの重要度ランク付けをし、それに応じた管理と取り扱いをすることにした。
　今後個人情報保護に対する企業の情報管理体制は、重要文書の安全・確実な管理と廃棄が、個人情報流出を防ぐ大きな鍵になってくる。

7 曖昧な記憶が個人情報を流出させる

> 　書類の管理体制を人間の記憶だけに任せずに、プリントアウトした重要な書類などは、不必要時に保管することなくシュレッダーにて廃棄処分を行いたい。

▶**情報セキュリティー**という言葉からは、
　　・不正アクセス、
　　・個人情報漏洩、
　　・ウイルスなどが思い浮かぶが、
それらの対策についても完璧な情報セキュリティーシステムを構築したとしても絶対安心できない。

▶顧客情報が保管されているパソコンは、複数の対策ソフトや暗号化対策をしているので、絶対に流出しないと確信していないだろうか。しかし、それらの対策も情報を**プリントアウト**することによって、その後の対策や責任はプリントアウトを行った個人の情報管理に移行することになる。

　普通、書類などは、何度もプリントアウトを繰り返し、次第にそれらの書類が積み重なることによって、人間の管理能力を超えてしまう。そこから管理がずさんになり、顧客名簿等の書類をどこにおいたのか保管したか分からなくなる。「確かあの書類は２番目の引き出しに入れたような気がする」というように記憶が曖昧になる。

今、あなたのカード入れに入っているクレジットカード、キャッシュカードの枚数と銘柄を正確に言うことができるだろうか。

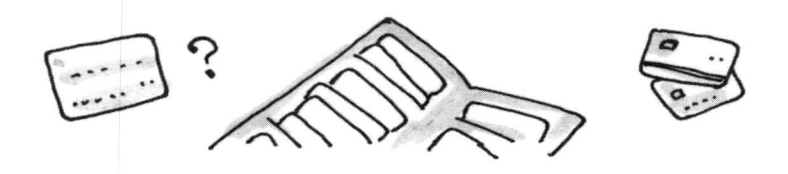

　多くの人は必要な時しかカード類を出し入れすることはないので、正確には覚えていないのではないか。そのカードの一枚が紛失していたとしてもすぐには気付かないだろう。紛失すれば自分に不利益があるカード類でもこのような曖昧な記憶で、それが自分に関係ない書類などになればもっとずさんになる。また、この書類が顧客名簿などの重要な書類なら大変なことになることは言うまでもない。
▶このようなことに対応した**プリンター**が売れている。

●単に印刷するだけでなく、**印刷を実行した社員を特定できる**ようにプリントアウト時に誰がいつ印刷したかを特定できるものとして、（印刷物のヘッダやフッタ、背景には）**印刷日時、印刷者番号**などを強制的に印字することが可能なものも市販されるようになった。
　これにより責任の所在を明確にし管理がずさんにならないよう社員の意識を高めることも必要だ。

●更にコピーやFAXをすると**禁複写**など設定した文字列がうかびあがる機種も増えている。

第8章　企業の存続に必要な個人情報保護知識

8　パソコンまわりの整備対策が急務

> 個人情報流出の多くは、進化した記憶媒体の安易なデータの持ち出しや安易な取り扱い方法によるものがほとんどだ。

▶情報の電子化によって、大量のデータがフラッシュメモリーやCD-RやDVDといった記憶媒体に簡単に保存できるようになった。

更にフラッシュメモリーは、小さく持ち運びが便利になり、**大容量化**されるようになった。

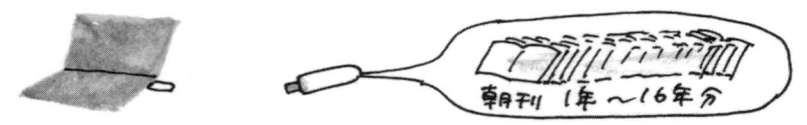

顧客情報が入っているフラッシュメモリーやCD-RやDVDなどの大容量記録メディアにデータを入れて会社の規定を守らずに自宅で仕事をするために持ち帰る社員も多くなっている。このような大容量記録メディアは情報量が膨大で、盗難、紛失、ウイルス感染などによって、流出したら最後、顧客の個人情報などがインターネット上で、第三者にアップロードされた場合は、会社の経営さえ揺るがすことになる。

社外からの不正アクセスなどについては、不正侵入検知や防御製品などによって確実に制御できるようになった。

▶ノートパソコンも同じであり、社員がトイレに行くために席を外したわずかな時間で、盗難に遭う場合も多くなっている。この場合には、外部犯行的な部分は薄く、おそらく内部犯行によるものだ。

▶これらの被害から情報を守るためには、いくらデータを持ち出さない、ノートパソコンから目を離さないなどの規約を作成していたとしても社員の個人的な情報管理意識に任されるので、二重、三重のセキュリティーにて防護しないといけない。

●社内の重要な資料は持ち出しを禁止する。
●社内ネットワークには個人用のノートPCなどを接続させないようにする。

●ノートパソコンなどをプレゼンテーションなどに利用する場合の業務によっては持ち出しを禁止しづらい場合もある。このような場合は、盗難にあった場合に備えて、ノートPCのフォルダやハードディスク全体を暗号化するようなソフトを活用する。

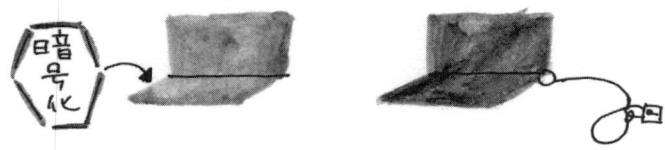

●**セキュリティーキット**（ノートパソコンのセキュリティースロットと机などをワイヤーでくくりつけ、南京錠で施錠して盗難を防ぐ道具）を使う。
●パソコンの無断利用を防ぐための**セキュリティーキー**という、それをUSBポートに接続しなければ起動できないものを使う（1万円前後）。

●役目を終えたCD-RやDVDなどの大容量記録メディアは、**メディアシュレッダー**が売られているので、粉砕処分することで、データを消滅させることが可能になる。

このように安価で対策できるものが多数販売されるようになったので、最低限、これらのセキュリティー対策を実行したい。
　個人情報保護意識の基本を「（個人情報流出について）私だけは100％大丈夫」から個人情報は「いつでも誰かに狙われている」と変えることが重要だ。

第8章　企業の存続に必要な個人情報保護知識

9　社員を再教育することが個人情報流出対策の鍵になる

> 情報管理は最終的には**社員一人一人**の考え方の問題である。

▶会社が情報対策に多くのお金を使ってシステムを構築し、手間暇かけてプライバシーマークを取得しても社員がルールやモラルを守らない場合には、大切なデータは流出してしまう。個人情報流出事件が毎日のように発生しているのは社員の中にはルールを守れない者がいるからだ。

▶上司に相談しても「いつも休日にも出勤して仕事をこなしているし、この社員はまじめで仕事熱心なので、いいだろう」とのことになる。これこそが個人情報流出のシナリオになっているのだ。明日中に終わらせないといけない仕事があれば、**顧客情報を持ち出して**　自宅で仕事をする必要に迫られる。会社のためになるので、仕方ないだろう、1回ぐらいならいいだろうが常習化して、やがてそれが普通になり、結果的にデータの盗難や紛失、ウイルス感染に繋がっている。

▶現代社会は、ストレス社会といわれるようにストレスが自然にたまる社会になっている。

終身雇用も過去のものになった。よって、転職や**会社に依存することなく**生きる人も多くなり、社員の中には、お金になるから自社の顧客データを持ち出して転売する社員や迷惑をかけようと悪さを働こうとする社員も絶対にいないとは言い切れない。個人情報流出対策には、まさに社員の心の中までも指導する必要がある。

▶更に、退職する予定の社員は要注意だ。社員の**転職時**には、同業種の転職が多く、顧客データなどの極秘情報を持ち出して転職後も活用しようとする社員が後を絶たない。また、優秀な社員ほど、この傾向は高くなっている。

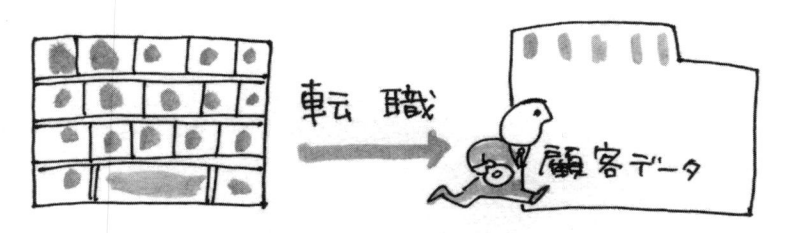

▶現状での大量な顧客データが流出するケースは**システム管理者**などによる内部犯行がほとんどだ。

　これらのデータはアクセス制限によってアクセスを認められたものしかデータにアクセスすることができない。また、セキュリティー室に入室しないとアクセスできないようにもなっている。また、アクセスログによってだれがいつアクセスしたのか、どのようなデータを見たのかなどが全てわかるようになり、一昔前のようにデータを引き出す方法については簡単ではなくなった。しかし、アクセスを管理している社員はそれらの履歴を消すことも可能だ。

　これらの対策については、アクセスが許可された社員だけがセキュリティー室に入れるようにして、外部モニターや監視カメラで録画監視しないと同じような事件が発生する可能性もある。

　情報システムの管理者がその権限を永遠に悪用しないとは断言できない。よって、顧客データなどの情報は企業の資産であることを忘れてはいけない。システム管理者にも徹底した情報管理の再教育をする必要がある。

第8章　企業の存続に必要な個人情報保護知識

10　個人情報保護法対策保険について

> 個人情報が流出した場合に対応している**保険**がある。

　個人情報保護法の施行や情報化社会における個人情報データベース化やインターネット社会での不正アクセスやウイルスによる技術的被害の増加、派遣社員や委託社員といった雇用形態の多様化によって、個人情報が流出する機会は一段と増している。

　上記の保険は、各損害保険会社より**個人情報取扱事業者保険、個人情報プロテクター、個人情報漏洩保険**などと言った名称で発売され、日本商工会議所でも**個人情報漏洩賠償責任保険**として発売されている。

　主な内容は、被保険者が通常の業務を遂行する過程での、
- ●個人情報を漏洩させてしまった場合のリスク
- ●従業員の不正行為
- ●業務委託先からの流出による損害

が補償される。

　その補償内容には、
- ●謝罪会見費用、謝罪広告費用、弁護士相談費用、争訟費用損害賠償金なども含まれる。

　具体的な保険商品については、各損害保険会社に確認してほしい。保険会社ごとに内容が違っているためだ。

▶しかし、いくら保険に加入していたとしても当然のことながら詳細な**免責事項**があるので、必ずしも全額が補償されるとは限らない。

特に個人情報データベースからの流出は流出件数が多くなり、損害金額も莫大になる。

例えば、100万件単位の個人情報が流出した場合には、損害額を1人500円で見積ったとして、単純計算で5億円になり、そこに謝罪広告費などの諸雑費も必要になる。その上、長年積み重ねてきた企業ブランドが信用失墜に陥り、株価のダウンが予想される。一度、信用を失ったものを回復させるには相当の努力が必要になる。

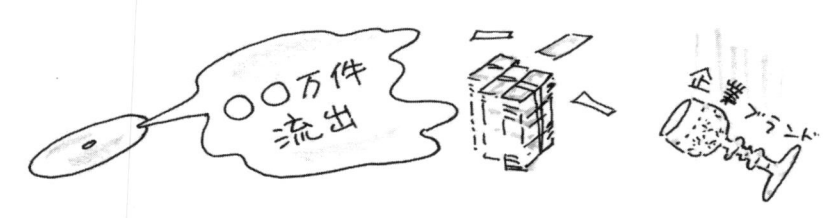

このような流出規模は大手企業に限定される。個人情報保護法は、5000件以上の個人情報を扱う事業者を対象としているが、5000件以下の個人情報を扱っている事業者でも個人情報を流出させると、賠償責任が発生する可能性がある。

▶保険料は、各企業の規模などで見積もりをとることになるが、IT事業社、売上高50億円賠償請求3億円の業者で年間保険料が70万円から80万円ほどが相場ではなかろうか。このような保険に加入することで、コンサルタント指導も受けることができるので、加入していない経営者の方は、一度、検討してはどうだろうか。また、あなたの企業が商工会議所会員ならば、保険料が若干安く設定されている日本商工会議所の「個人情報漏洩賠償責任保険」に加入できる。

各損害保険会社によって違いがあるが、割引制度もある。例えば運転免許証がゴールドカードだと、自動車保険は安くなるように、個人情報の流出を補償する保険だから当然、プライバシーマークを取得していれば大幅に割引になる。

11 どうなっているの
最近でもこんなにある個人情報流出事件

（2007年4月から11月末までの事件の一部を掲載）

2007年11月

- 大手通信サービス会社の個人顧客374件や法人顧客13件などあわせて387件の氏名、会社名、住所、電話番号、申込日などが含まれるデータがウィニーを通じて外部へ流出
- 大手車販売会社の氏名、住所、電話番号、郵便番号、車両番号などの顧客情報1万7000件を保存したUSBメモリを紛失
- 自衛隊採用試験の保護者に関する情報や受験者が通う学校のランクなどの受験者情報が1次合格発表をした際、担当者が誤ってウェブサイト上に公開しインターネット上に流出
- 九州にある銀行から同銀行が顧客の本人確認時に作成していた「本人確認書」や運転免許証など確認に利用した身分証明書のコピーなど16万9019件の顧客情報を含む本人確認書類を誤廃棄
- 岐阜県で生活保護受給者36人分に関する2007年度介護保険料領収証書（氏名、通知番号、保険料額、納付期限、領収日、領収金融機関などを記載）を紛失

2007年10月

- 印刷機械会社大手の従業員が泥酔した際に、路上で顧客2582社の機器5414台分に関する保守情報などを保存していたUSBメモリやハードディスクが路上で鞄ごと盗難
- 製菓メーカーが実施したキャンペーンの応募者情報1万5059人分が含まれた顧客データがインターネット上へファイル交換ソフト経由で外部に流出
- 大手オンラインショップに不正アクセスがあり、1万3252人分の氏名、

電話番号、メールアドレス、ID、パスワードなどが流出し、その中にはクレジットカード番号やカードの有効期限なども含まれていた
- 茨城県内にある少年刑務所の受刑者情報（氏名、罪名など）をはじめとする個人情報約 120 人分のほか、職員 900 人分の情報がウィニーを通じてインターネット上へ流出
- イベント企画会社のイベントにインターネット経由で応募した 1033 人分の氏名、住所、電話番号、メールアドレス、性別、年代といった個人情報が、インターネット上で誤って公開された

2007 年 9 月

- 日本郵政公社の貯金事務センターにおいて個人情報を含む書類 1448 万件の誤廃棄が判明
- 三重県警の所轄署の巡査が利用していた私用パソコンを通じて、インターネット上に警察関係の資料など 1900 件、個人情報 75 人分のデータが流出
- クレジットカード会社より新規申込や解約、住所変更などを依頼した顧客の情報、氏名、住所、電話番号、性別、生年月日、カード番号、カード有効期限などの個人情報 393 件を記録した磁気テープが紛失
- 大手プロバイダから元委託社員が顧客情報 551 件のデータを無断で持ち出し、契約者の氏名のほか、一部では住所や電話番号、メールアドレス、ユーザー ID、クレジットカード番号などが流出
- 東京社会保険事務局が、督促はがきへの保護シール未貼付や個人情報である家族や友人など年金に関する個人情報 6 件を業務目的外で閲覧していたことを公表

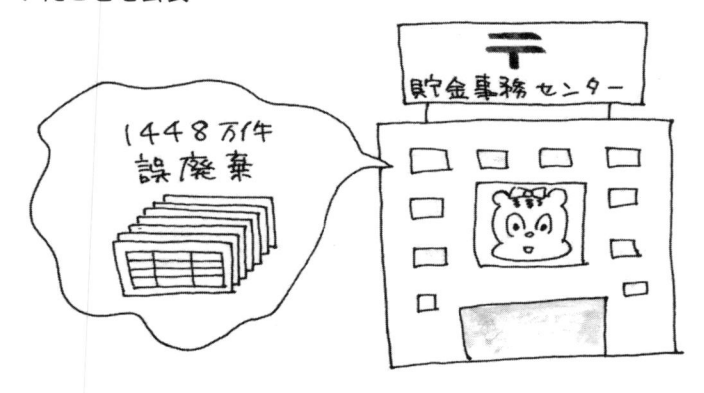

2007年8月

- 広島にある信用金庫で、顧客情報約3万件を記録したPDA[1]を紛失
- 住宅設備メーカーでのメールの単純な誤送信でキャンペーン応募者のアドレス500件が流出
- 損害保険会社社員による個人情報1200件を含むパソコンの置き忘れ
- 東京都品川区にある病院で患者ら5万人分情報入りＰＣ盗難
- 電力会社の研修資料など業務情報がウィニーによって流出

2007年7月

- 生命保険会社代理店が15万人分の個人情報を紛失
- 四国の信用金庫で30134件の利用者の個人情報が記載された伝票綴りの一部を紛失
- 大手銀行が東京や大阪など全国27支店で、ATMの取引記録など顧客の個人情報計約98万件を紛失
- 大阪の医師が電車内に213人分の個人情報を保存したパソコンを置き忘れ
- 愛知県の高校で教師が利用するパソコンから成績や進路に関する情報など約1万4600件の個人情報がShare[2]経由で流出

1　個人用の携帯情報端末
2　ウィニーより進化したファイル共有ソフト

2007年6月
- 愛知県下のスーパーのポイントカード顧客情報が委託先社員のパソコンがShareに感染して最大2万9281件が流出
- 千葉にある車販売会社の顧客情報約5900件を含むパソコンが事務所荒らしで盗難
- 警察の捜査資料がウィニーによって1万件以上が流出
- 大阪の組合組織から組合員情報24万件を記録したMOディスクが紛失

2007年5月
- 九州の保険代理店より個人情報約8000件を保存したパソコンが紛失
- 愛媛県の住基ネット情報約2万6000件がウィニーで流出
- 愛知県の総合病院で患者情報2000件ほどのUSBメモリを紛失
- 福岡の女子大教員が学生や卒業生の個人情報1026件含むUSBメモリを車上荒らし盗難に遭う
- 大手証券会社の熊本支店で顧客の氏名や住所、資産状況などの個人情報を記載した1174人分の内部資料を紛失

2007年4月
- インターネット上の共通ポイントサービス会社アルバイトの私有パソコンからウィニーによって会員情報約4000件がネット上に流出
- 大手印刷会社から過去最大の個人情報863万件が流出
- テレビ局が開設している携帯電話向け情報サイト利用者の個人情報が約5万6800件入ったノートパソコン1台が紛失
- 大阪で職員1万4000名の個人情報がホームページ上で一時閲覧可能になっていた
- 製鉄会社のメールマガジンからメール誤送信で顧客のアドレス1055件を流出

第8章　企業の存続に必要な個人情報保護知識

個人情報保護法 Q&A

Q1 メールアドレスも個人情報ですか？

　メールアドレスから会社名、ドメインから特定の個人を識別できるアドレスは個人情報に該当する。単純な記号や数字だけの文字列だけで、個人を認識することは不可能な場合は該当しない。しかし、メールアドレスからフィッシング詐欺等に悪用されれば個人に被害が発生するので全てが個人情報と認識するしかない。

Q2 当社の社員個人が持っている顧客データは会社保有の個人情報にあたりますか？

　顧客から収集したすべてのデータは個人情報にあたる。個人情報は生存する個人の情報であって、個人特定できる氏名のあるデータのすべてがが個人情報に該当する。

Q3 当社労働組合保有の顧客データも当社保有の個人情報となりますか？

　労働組合は組合員の賃金・労働条件の改善、働きやすい職場作りなどを目指すために組合員の氏名、住所、電話番号、給与データ等の情報を取得、利用しているので、労働組合も独立しているが会社の従業員であるから、当社と共有の個人情報となる。

Q4 中学校の教員をしていますが、クラス名簿をつくることができますか？

　生徒の氏名は個人情報であるが、個人調査票などの生徒の個人情報については学校において備え付けねばならない情報になるので、必要であるが、生徒の名簿は、個人データに該当するので、緊急連絡に利用するなどといった利用目的を事前に保護者に同意を得る必要がある。

Q5 顧客ではなく、顧客の家族あてに当社のDMを送ってもかまいませんか？

　同意を得ずに勝手に送付することはできない。事前に顧客の家族あてにDMを送付することを前提に顧客の同意を得ていれば可能だ。しかし、顧客ではなく、顧客の家族が勧誘を受けるので、家族にしてみれば見ず知らずの業者からの勧誘のDMになるので、不快に陥ることもあり注意が必要だ。

Q6 中学校の教員ですが、指導に必要なのに他のクラスの名簿を所有することはできないと言われてしまいました。行き過ぎではないでしょうか。

　指導に必要なことを事前に保護者に同意を得ていれば問題ないが、名簿の種類によっては、他の科目の成績や調査票などの詳細なデータがある場合は、改めて同意を得る必要がある。目的外利用にあたる可能性が高いからだ。

Q7 学生時代の名簿を使って当社ボーナスセールのお知らせのDMを送ることができますか？

　法施行前に取得している名簿を事業に利用するので、利用目的を特定し、事前に同意を得ていれば問題がない。個人的に年賀状を出すなど、私的な目的で個人情報を取り扱う場合は、法の対象となる事業者にはならないが、この場合は目的外利用に該当する。

Q8 会社の合併後、合併以前のそれぞれの会社が保有していた個人情報を利用することができますか？

　適正な方法によって個人情報を取得し保有している場合には可能になる。個人情報保護法では、合併などの他の会社が引き継ぐ場合には第三者提供にあたらないとされている。

Q9 当社従業員の人事管理情報も本人からの請求があれば開示しなければなりませんか？

　開示請求はできるが、人事管理されている人事情報が例えば「この社員は企画力が優れているがコミュニケーション不足が伺える」といった評価が記載されていた場合は、事実と異なるとして訂正を訴えても無理になる。よって、最終的には拒否される可能性が高い。

Q10 当社では市販のカーナビを使って配送業務を行っていますが、これも保有する個人情報にあたりますか？

　市販のカーナビ等を利用してそのまま利用するものについては個人の権利利益に新たな危険をもたらすものではないので、配送業務だけをおこなうことは問題ないが、そのデータを利用してデータベース化したものは個人情報保護法適用の対象になり、本人の同意が必要になる。

Q11 社員旅行時の従業員の写真も個人情報ですか？

　写真によって本人が判別されるものや周囲の情報を補って認識できることにより個人を特定できる場合には個人情報になる。

Q12 当社は数社のグループ会社を持っていますが、グループ内の他の会社に顧客情報を渡す場合は顧客本人の同意を得る必要がありますか？

　グループ会社による共同利用は第三者提供の例外とされている。しかし、取得時の利用目的と同じでないといけない。利用目的と異なる場合は改めて本人から同意を得る必要がある。

Q13 当社はお客様伝票の整理を別会社に委託していますが、そのことについてお客様の承諾を得る必要はありますか？

　委託に関しては第三者提供の例外として本人の同意を得る必要はないが、委託先に対しても必要かつ適切な監督義務を行う必要があり、信頼できる業者の選定はもちろんのこと、責任範囲や守秘義務などの契約を締結しておく必要がある。

Q14 当社保有の個人情報の内容を知りたいと申し出る人があったとき、その人が本人であることを確認するにはどんな方法がありますか？

　運転免許証やパスポート、住民票、住民基本台帳カード、年金手帳、海技免状、狩猟者登録証、猟銃・空気銃所持許可証、宅地建物取引主任者証、電気工事士免状などの本人を証明する証明書によって確認する。

Q15 営業活動時にもらった名刺を課内で共有してもかまいませんか？

　名刺交換をした以外の第三者が利用することになると、一般に想定されている範囲内での営業活動などについては認められているが、それ以外の目的については、本人の同意が必要になる。

Q16 懸賞当選者の名前を発表してもかまいませんか？

　懸賞時に「ご応募いただいた懸賞・プレゼントなどの抽選・発送のためなお、懸賞当選者につきましては、氏名等の個人情報を番組等で公表させていただくことがあります」と公表して、応募者に同意を得ておく必要があり、公表がない場合には名前を発表することはできない。

Q17 塾入試合格者の氏名を発表してもよいでしょうか？

　入塾時の個人情報収集時に個人情報の利用目的の一つに「塾入試合格者の氏名を発表する」と、明示しておく必要がある。氏名だけでも個人情報に該当する。

Q18 当社A事業部で収集した個人情報を当社B事業部で利用してもかまいませんか？

　事業部内による共同利用は第三者提供の例外とされている。しかし、取得時の利用目的と同じでないといけない。利用目的と異なる場合はあらためて、本人から同意を得る必要がある。

Q19 本人の同意がなくても第三者に個人情報を提供してもよいのはどんな場合ですか？

　警察や検察等から刑事訴訟法に基づく捜査関係事項照会があった場合や弁護士法に基づく弁護士による照会があった場合などの法令に基づく場合、大規模災害や事故等の緊急時に患者の家族等から医療機関に対して、患者に関する情報提供依頼があった場合、製品に重大な欠陥があるような緊急時にメーカーから家電販売店に対して、顧客情報の提供依頼があった場合などの人の生命、身体又は、財産の保護に必要な場合など。

Q20 当社保有の個人情報に保有期限を定めなくてもかまいませんか？

　個人情報保護法は、利用期限や保有期間を定めることまでは求めていない。しかし、個人情報の保有期間については独自に期間を設けて、保有期間が終了した個人情報は、適切な方法により消去することが望ましい。

参考文献：『個人情報保護法Q&A 第二版』藤田康幸編、中央経済社2007年　『Q&A個人情報保護法』個人情報保護基本法制研究会編、有斐閣2003年　『学校の個人情報保護・情報公開』兼子仁、蛭田政弘共著、ぎょうせい2007年　『完全対策Q&A個人情報保護法』酒井正和、東洋経済新報社2005年　『個人情報保護法　ここがポイント！』小川登美男編著、日本経済新聞社2005年　『即答！個人情報保護』個人情報保護法研究プロジェクト、毎日コミュニケーションズ2003年　『個人情報保護法ハンドブック』牧野和夫、学陽書房2005年

参考資料 個人情報の保護に関する法律

（平成15年5月30日法律第57号）
最終改正：平成15月16日法律119号

第1章 総則

（目的）
第1条 この法律は、高度情報通信社会の進展に伴い個人情報の利用が著しく拡大していることにかんがみ、個人情報の適正な取扱いに関し、基本理念及び政府による基本方針の作成その他の個人情報の保護に関する施策の基本となる事項を定め、国及び地方公共団体の責務等を明らかにするとともに、個人情報を取り扱う事業者の遵守すべき義務等を定めることにより、個人情報の有用性に配慮しつつ、個人の権利利益を保護することを目的とする。

（定義）
第2条 この法律において「個人情報」とは、生存する個人に関する情報であってあって、当該情報に含まれる氏名、生年月日その他の記述等により特定の個人を識別することができるもの（他の情報と容易に照合することができ、それにより特定の個人を識別することができることとなるものを含む。）をいう。

2　この法律において「個人情報データベース等」とは、個人情報を含む情報の集合物であって、次に掲げるものをいう。
　一　特定の個人情報を電子計算機を用いて検索することができるように体系的に構成したもの
　二　前号に掲げるもののほか、特定の個人情報を容易に検索することができるように体系的に構成したものとして政令で定めるもの

3　この法律において「個人情報取扱事業者」とは、個人情報データベース等を事業の用に供している者をいう。ただし、次に掲げる者を除く。
　一　国の機関
　二　地方公共団体
　三　独立行政法人等（独立行政法人等の保有する個人情報の保護に関する法律（平成15年法律第59号）第2条第1項に規定する独立行政法人等をいう。以下同じ。）
　四　地方独立行政法人（地方独立行政法人法（平成15年法律第118号）第2条第1項に規定する地方独立行政法人をいう。以下同じ。）
　五　その取り扱う個人情報の量及び利用方法からみて個人の権利利益を害するおそれが少ないものとして政令で定める者

4　この法律において「個人データ」とは、個人情報データベース等を構成する個人情報をいう。

5 この法律において「保有個人データ」とは、個人情報取扱事業者が、開示、内容の訂正、追加又は削除、利用の停止、消去及び第三者への提供の停止を行うことのできる権限を有する個人データであって、その存否が明らかになることにより公益その他の利益が害されるものとして政令で定めるもの又は一年以内の政令で定める期間以内に消去することとなるもの以外のものをいう。

6 この法律において個人情報について「本人」とは、個人情報によって識別される特定の個人をいう。

(基本理念)
第3条 個人情報は、個人の人格尊重の理念の下に慎重に取り扱われるべきものであることにかんがみ、その適正な取扱いが図られなければならない。

第2章 国及び地方公共団体の責務等

(国の責務)
第4条 国は、この法律の趣旨にのっとり、個人情報の適正な取扱いを確保するために必要な施策を総合的に策定し、及びこれを実施する責務を有する。

(地方公共団体の責務)
第5条 地方公共団体は、この法律の趣旨にのっとり、その地方公共団体の区域の特性に応じて、個人情報の適正な取扱いを確保するために必要な施策を策定し、及びこれを実施する責務を有する。

(法制上の措置等)
第6条 政府は、個人情報の性質及び利用方法にかんがみ、個人の権利利益の一層の保護を図るため特にその適正な取扱いの厳格な実施を確保する必要がある個人情報について、保護のための格別の措置が講じられるよう必要な法制上の措置その他の措置を講ずるものとする。

第3章 個人情報の保護に関する施策等

第1節 個人情報の保護に関する基本方針

第7条 政府は、個人情報の保護に関する施策の総合的かつ一体的な推進を図るため、個人情報の保護に関する基本方針(以下「基本方針」という。)を定めなければならない。

2 基本方針は、次に掲げる事項について定めるものとする。
　一 個人情報の保護に関する施策の推進に関する基本的な方向
　二 国が講ずべき個人情報の保護のための措置に関する事項
　三 地方公共団体が講ずべき個人情報の保護のための措置に関する基本的な事項
　四 独立行政法人等が講ずべき個人情報の保護のための措置に関する基本的な事項

五　地方独立行政法人が講ずべき個人情報の保護のための措置に関する基本的な事項
　　六　個人情報取扱事業者及び第40条第1項に規定する認定個人情報保護団体が講ずべき個人情報の保護のための措置に関する基本的な事項
　　七　個人情報の取扱いに関する苦情の円滑な処理に関する事項
　　八　その他個人情報の保護に関する施策の推進に関する重要事項
3　内閣総理大臣は、国民生活審議会の意見を聴いて、基本方針の案を作成し、閣議の決定を求めなければならない。

4　内閣総理大臣は、前項の規定による閣議の決定があったときは、遅滞なく、基本方針を公表しなければならない。

5　前2項の規定は、基本方針の変更について準用する。

第2節　国の施策

(地方公共団体等への支援)
第8条　国は、地方公共団体が策定し、又は実施する個人情報の保護に関する施策及び国民又は事業者等が個人情報の適正な取扱いの確保に関して行う活動を支援するため、情報の提供、事業者等が講ずべき措置の適切かつ有効な実施を図るための指針の策定その他の必要な措置を講ずるものとする。

(苦情処理のための措置)
第9条　国は、個人情報の取扱いに関し事業者と本人との間に生じた苦情の適切かつ迅速な処理を図るために必要な措置を講ずるものとする。

(個人情報の適正な取扱いを確保するための措置)
第10条　国は、地方公共団体との適切な役割分担を通じ、次章に規定する個人情報取扱事業者による個人情報の適正な取扱いを確保するために必要な措置を講ずるものとする。

第3節　地方公共団体の施策

(地方公共団体等が保有する個人情報の保護)
第11条　地方公共団体は、その保有する個人情報の性質、当該個人情報を保有する目的等を勘案し、その保有する個人情報の適正な取扱いが確保されるよう必要な措置を講ずることに努めなければならない。

2　地方公共団体は、その設立に係る地方独立行政法人について、その性格及び業務内容に応じ、その保有する個人情報の適正な取扱いが確保されるよう必要な措置を講ずることに努めなければならない。

(区域内の事業者等への支援)
第12条　地方公共団体は、個人情報の適正な取扱いを確保するため、その区域内の事業者及び住民に対する支援に必要な措置を講ずるよう努めなけれ

ばならない。

(苦情の処理のあっせん等)
第13条　地方公共団体は、個人情報の取扱いに関し事業者と本人との間に生じた苦情が適切かつ迅速に処理されるようにするため、苦情の処理のあっせんその他必要な措置を講ずるよう努めなければならない。

第4節　国及び地方公共団体の協力

第14条　国及び地方公共団体は、個人情報の保護に関する施策を講ずるにつき、相協力するものとする。

第4章　個人情報取扱事業者の義務等

第1節　個人情報取扱事業者の義務

(利用目的の特定)
第15条　個人情報取扱事業者は、個人情報を取り扱うに当たっては、その利用の目的(以下「利用目的」という。)をできる限り特定しなければならない。

2　個人情報取扱事業者は、利用目的を変更する場合には、変更前の利用目的と相当の関連性を有すると合理的に認められる範囲を超えて行ってはならない。

(利用目的による制限)
第16条　個人情報取扱事業者は、あらかじめ本人の同意を得ないで、前条の規定により特定された利用目的の達成に必要な範囲を超えて、個人情報を取り扱ってはならない。

2　個人情報取扱事業者は、合併その他の事由により他の個人情報取扱事業者から事業を承継することに伴って個人情報を取得した場合は、あらかじめ本人の同意を得ないで、承継前における当該個人情報の利用目的の達成に必要な範囲を超えて、当該個人情報を取り扱ってはならない。

3　前二項の規定は、次に掲げる場合については、適用しない。
　一　法令に基づく場合
　二　人の生命、身体又は財産の保護のために必要がある場合であって、本人の同意を得ることが困難であるとき。
　三　公衆衛生の向上又は児童の健全な育成の推進のために特に必要がある場合であって、本人の同意を得ることが困難であるとき。
　四　国の機関若しくは地方公共団体又はその委託を受けた者が法令の定める事務を遂行することに対して協力する必要がある場合であって、本人の同意を得ることにより当該事務の遂行に支障を及ぼすおそれがあるとき。

(適正な取得)

第17条　個人情報取扱事業者は、偽りその他不正の手段により個人情報を取得してはならない。

(取得に際しての利用目的の通知等)
第18条　個人情報取扱事業者は、個人情報を取得した場合は、あらかじめその利用目的を公表している場合を除き、速やかに、その利用目的を、本人に通知し、又は公表しなければならない。

2　個人情報取扱事業者は、前項の規定にかかわらず、本人との間で契約を締結することに伴って契約書その他の書面(電子的方式、磁気的方式その他人の知覚によっては認識することができない方式で作られる記録を含む。以下この項において同じ。)に記載された当該本人の個人情報を取得する場合その他本人から直接書面に記載された当該本人の個人情報を取得する場合は、あらかじめ、本人に対し、その利用目的を明示しなければならない。ただし、人の生命、身体又は財産の保護のために緊急に必要がある場合は、この限りでない。

3　個人情報取扱事業者は、利用目的を変更した場合は、変更された利用目的について、本人に通知し、又は公表しなければならない。

4　前三項の規定は、次に掲げる場合については、適用しない。
　一　利用目的を本人に通知し、又は公表することにより本人又は第三者の生命、身体、財産その他の権利利益を害するおそれがある場合
　二　利用目的を本人に通知し、又は公表することにより当該個人情報取扱事業者の権利又は正当な利益を害するおそれがある場合
　三　国の機関又は地方公共団体が法令の定める事務を遂行することに対して協力する必要がある場合であって、利用目的を本人に通知し、又は公表することにより当該事務の遂行に支障を及ぼすおそれがあるとき。
　四　取得の状況からみて利用目的が明らかであると認められる場合

(データ内容の正確性の確保)
第19条　個人情報取扱事業者は、利用目的の達成に必要な範囲内において、個人データを正確かつ最新の内容に保つよう努めなければならない。

(安全管理措置)
第20条　個人情報取扱事業者は、その取り扱う個人データの漏えい、滅失又はき損の防止その他の個人データの安全管理のために必要かつ適切な措置を講じなければならない。

(従業者の監督)
第21条　個人情報取扱事業者は、その従業者に個人データを取り扱わせるに当たっては、当該個人データの安全管理が図られるよう、当該従業者に対する必要かつ適切な監督を行わなければならない。

(委託先の監督)
第22条 個人情報取扱事業者は、個人データの取扱いの全部又は一部を委託する場合は、その取扱いを委託された個人データの安全管理が図られるよう、委託を受けた者に対する必要かつ適切な監督を行わなければならない。

(第三者提供の制限)
第23条 個人情報取扱事業者は、次に掲げる場合を除くほか、あらかじめ本人の同意を得ないで、個人データを第三者に提供してはならない。
　一　法令に基づく場合
　二　人の生命、身体又は財産の保護のために必要がある場合であって、本人の同意を得ることが困難であるとき。
　三　公衆衛生の向上又は児童の健全な育成の推進のために特に必要がある場合であって、本人の同意を得ることが困難であるとき。
　四　国の機関若しくは地方公共団体又はその委託を受けた者が法令の定める事務を遂行することに対して協力する必要がある場合であって、本人の同意を得ることにより当該事務の遂行に支障を及ぼすおそれがあるとき。

2　個人情報取扱事業者は、第三者に提供される個人データについて、本人の求めに応じて当該本人が識別される個人データの第三者への提供を停止することとしている場合であって、次に掲げる事項について、あらかじめ、本人に通知し、又は本人が容易に知り得る状態に置いているときは、前項の規定にかかわらず、当該個人データを第三者に提供することができる。
　一　第三者への提供を利用目的とすること。
　二　第三者に提供される個人データの項目
　三　第三者への提供の手段又は方法
　四　本人の求めに応じて当該本人が識別される個人データの第三者への提供を停止すること。

3　個人情報取扱事業者は、前項第二号又は第三号に掲げる事項を変更する場合は、変更する内容について、あらかじめ、本人に通知し、又は本人が容易に知り得る状態に置かなければならない。

4　次に掲げる場合において、当該個人データの提供を受ける者は、前三項の規定の適用については、第三者に該当しないものとする。
　一　個人情報取扱事業者が利用目的の達成に必要な範囲内において個人データの取扱いの全部又は一部を委託する場合
　二　合併その他の事由による事業の承継に伴って個人データが提供される場合
　三　個人データを特定の者との間で共同して利用する場合であって、その旨並びに共同して利用される個人データの項目、共同して利用する者の範囲、利用する者の利用目的及び当該個人データの管理について責任を有する者の氏名又は名称について、あらかじめ、本人に通知し、又は本人が容易に知り得る状態に置いているとき。

5　個人情報取扱事業者は、前項第3号に規定する利用する者の利用目的又

は個人データの管理について責任を有する者の氏名若しくは名称を変更する場合は、変更する内容について、あらかじめ、本人に通知し、又は本人が容易に知り得る状態に置かなければならない。

（保有個人データに関する事項の公表等）
第24条 個人情報取扱事業者は、保有個人データに関し、次に掲げる事項について、本人の知り得る状態（本人の求めに応じて遅滞なく回答する場合を含む。）に置かなければならない。
　一　当該個人情報取扱事業者の氏名又は名称
　二　すべての保有個人データの利用目的（第18条第4項第一号から第三号までに該当する場合を除く。）
　三　次項、次条第一項、第26条第1項又は第27条第1項若しくは第2項の規定による求めに応じる手続（第30条第2項の規定により手数料の額を定めたときは、その手数料の額を含む。）
　四　前三号に掲げるもののほか、保有個人データの適正な取扱いの確保に関し必要な事項として政令で定めるもの

2　個人情報取扱事業者は、本人から、当該本人が識別される保有個人データの利用目的の通知を求められたときは、本人に対し、遅滞なく、これを通知しなければならない。ただし、次の各号のいずれかに該当する場合は、この限りでない。
　一　前項の規定により当該本人が識別される保有個人データの利用目的が明らかな場合
　二　第18条第4項第一号から第三号までに該当する場合

3　個人情報取扱事業者は、前項の規定に基づき求められた保有個人データの利用目的を通知しない旨の決定をしたときは、本人に対し、遅滞なく、その旨を通知しなければならない。

（開示）
第25条 個人情報取扱事業者は、本人から、当該本人が識別される保有個人データの開示（当該本人が識別される保有個人データが存在しないときにその旨を知らせることを含む。以下同じ。）を求められたときは、本人に対し、政令で定める方法により、遅滞なく、当該保有個人データを開示しなければならない。ただし、開示することにより次の各号のいずれかに該当する場合は、その全部又は一部を開示しないことができる。
　一　本人又は第三者の生命、身体、財産その他の権利利益を害するおそれがある場合
　二　当該個人情報取扱事業者の業務の適正な実施に著しい支障を及ぼすおそれがある場合
　三　他の法令に違反することとなる場合

2　個人情報取扱事業者は、前項の規定に基づき求められた保有個人データの全部又は一部について開示しない旨の決定をしたときは、本人に対し、遅滞なく、その旨を通知しなければならない。
3　他の法令の規定により、本人に対し第一項本文に規定する方法に相当する

方法により当該本人が識別される保有個人データの全部又は一部を開示することとされている場合には、当該全部又は一部の保有個人データについては、同項の規定は、適用しない。

（訂正等）
第26条 個人情報取扱事業者は、本人から、当該本人が識別される保有個人データの内容が事実でないという理由によって当該保有個人データの内容の訂正、追加又は削除（以下この条において「訂正等」という。）を求められた場合には、その内容の訂正等に関して他の法令の規定により特別の手続が定められている場合を除き、利用目的の達成に必要な範囲内において、遅滞なく必要な調査を行い、その結果に基づき、当該保有個人データの内容の訂正等を行わなければならない。

2　個人情報取扱事業者は、前項の規定に基づき求められた保有個人データの内容の全部若しくは一部について訂正等を行ったとき、又は訂正等を行わない旨の決定をしたときは、本人に対し、遅滞なく、その旨（訂正等を行ったときは、その内容を含む。）を通知しなければならない。

（利用停止等）
第27条 個人情報取扱事業者は、本人から、当該本人が識別される保有個人データが第16条の規定に違反して取り扱われているという理由又は第17条の規定に違反して取得されたものであるという理由によって、当該保有個人データの利用の停止又は消去（以下この条において「利用停止等」という。）を求められた場合であって、その求めに理由があることが判明したときは、違反を是正するために必要な限度で、遅滞なく、当該保有個人データの利用停止等を行わなければならない。ただし、当該保有個人データの利用停止等に多額の費用を要する場合その他の利用停止等を行うことが困難な場合であって、本人の権利利益を保護するため必要なこれに代わるべき措置をとるときは、この限りでない。

2　個人情報取扱事業者は、本人から、当該本人が識別される保有個人データが第23条第1項の規定に違反して第三者に提供されているという理由によって、当該保有個人データの第三者への提供の停止を求められた場合であって、その求めに理由があることが判明したときは、遅滞なく、当該保有個人データの第三者への提供を停止しなければならない。ただし、当該保有個人データの第三者への提供の停止に多額の費用を要する場合その他の第三者への提供を停止することが困難な場合であって、本人の権利利益を保護するため必要なこれに代わるべき措置をとるときは、この限りでない。

3　個人情報取扱事業者は、第1項の規定に基づき求められた保有個人データの全部若しくは一部について利用停止等を行ったとき若しくは利用停止等を行わない旨の決定をしたとき、又は前項の規定に基づき求められた保有個人データの全部若しくは一部について第三者への提供を停止したとき若しくは第三者への提供を停止しない旨の決定をしたときは、本人に対し、遅滞なく、その旨を通知しなければならない。

(理由の説明)
第28条 個人情報取扱事業者は、第24条第3項、第25条第2項、第2条第2項又は前条第3項の規定により、本人から求められた措置の全部又は一部について、その措置をとらない旨を通知する場合又はその措置と異なる措置をとる旨を通知する場合は、本人に対し、その理由を説明するよう努めなければならない。

(開示等の求めに応じる手続)
第29条 個人情報取扱事業者は、第24条第2項、第25条第1項、第26条第1項又は第27条第1項若しくは第2項の規定による求め（以下この条において「開示等の求め」という。）に関し、政令で定めるところにより、その求めを受け付ける方法を定めることができる。この場合において、本人は、当該方法に従って、開示等の求めを行わなければならない。

2　個人情報取扱事業者は、本人に対し、開示等の求めに関し、その対象となる保有個人データを特定するに足りる事項の提示を求めることができる。この場合において、個人情報取扱事業者は、本人が容易かつ的確に開示等の求めをすることができるよう、当該保有個人データの特定に資する情報の提供その他本人の利便を考慮した適切な措置をとらなければならない。

3　開示等の求めは、政令で定めるところにより、代理人によってすることができる。

4　個人情報取扱事業者は、前3項の規定に基づき開示等の求めに応じる手続を定めるに当たっては、本人に過重な負担を課するものとならないよう配慮しなければならない。

(手数料)
第30条 個人情報取扱事業者は、第24条第2項の規定による利用目的の通知又は第25条第1項の規定による開示を求められたときは、当該措置の実施に関し、手数料を徴収することができる。

2　個人情報取扱事業者は、前項の規定により手数料を徴収する場合は、実費を勘案して合理的であると認められる範囲内において、その手数料の額を定めなければならない。

(個人情報取扱事業者による苦情の処理)
第31条 個人情報取扱事業者は、個人情報の取扱いに関する苦情の適切かつ迅速な処理に努めなければならない。

2　個人情報取扱事業者は、前項の目的を達成するために必要な体制の整備に努めなければならない。

(報告の徴収)
第32条 主務大臣は、この節の規定の施行に必要な限度において、個人情報取扱事業者に対し、個人情報の取扱いに関し報告をさせることができる。

(助言)
第33条 主務大臣は、この節の規定の施行に必要な限度において、個人情報取扱事業者に対し、個人情報の取扱いに関し必要な助言をすることができる。

(勧告及び命令)
第34条 主務大臣は、個人情報取扱事業者が第16条から第18条まで、第20条から第27条まで又は第30条第2項の規定に違反した場合において個人の権利利益を保護するため必要があると認めるときは、当該個人情報取扱事業者に対し、当該違反行為の中止その他違反を是正するために必要な措置をとるべき旨を勧告することができる。

2　主務大臣は、前項の規定による勧告を受けた個人情報取扱事業者が正当な理由がなくてその勧告に係る措置をとらなかった場合において個人の重大な権利利益の侵害が切迫していると認めるときは、当該個人情報取扱事業者に対し、その勧告に係る措置をとるべきことを命ずることができる。

3　主務大臣は、前2項の規定にかかわらず、個人情報取扱事業者が第16条、第17条、第20条から第22条まで又は第23条第1項の規定に違反した場合において個人の重大な権利利益を害する事実があるため緊急に措置をとる必要があると認めるときは、当該個人情報取扱事業者に対し、当該違反行為の中止その他違反を是正するために必要な措置をとるべきことを命ずることができる。

(主務大臣の権限の行使の制限)
第35条 主務大臣は、前3条の規定により個人情報取扱事業者に対し報告の徴収、助言、勧告又は命令を行うに当たっては、表現の自由、学問の自由、信教の自由及び政治活動の自由を妨げてはならない。

2　前項の規定の趣旨に照らし、主務大臣は、個人情報取扱事業者が第50条第1項各号に掲げる者（それぞれ当該各号に定める目的で個人情報を取り扱う場合に限る。）に対して個人情報を提供する行為については、その権限を行使しないものとする。

(主務大臣)
第36条 この節の規定における主務大臣は、次のとおりとする。ただし、内閣総理大臣は、この節の規定の円滑な実施のため必要があると認める場合は、個人情報取扱事業者が行う個人情報の取扱いのうち特定のものについて、特定の大臣又は国家公安委員会（以下「大臣等」という。）を主務大臣に指定することができる。
　一　個人情報取扱事業者が行う個人情報の取扱いのうち雇用管理に関するものについては、厚生労働大臣（船員の雇用管理に関するものについては、国土交通大臣）及び当該個人情報取扱事業者が行う事業を所管する大臣等
　二　個人情報取扱事業者が行う個人情報の取扱いのうち前号に掲げるもの以外のものについては、当該個人情報取扱事業者が行う事業を所管す

る大臣等
2　内閣総理大臣は、前項ただし書の規定により主務大臣を指定したときは、その旨を公示しなければならない。

3　各主務大臣は、この節の規定の施行に当たっては、相互に緊密に連絡し、及び協力しなければならない。

第2節　民間団体による個人情報の保護の推進

(認定)
第37条　個人情報取扱事業者の個人情報の適正な取扱いの確保を目的として次に掲げる業務を行おうとする法人(法人でない団体で代表者又は管理人の定めのあるものを含む。次条第3号ロにおいて同じ。)は、主務大臣の認定を受けることができる。
　一　業務の対象となる個人情報取扱事業者(以下「対象事業者」という。)の個人情報の取扱いに関する第42条の規定による苦情の処理
　二　個人情報の適正な取扱いの確保に寄与する事項についての対象事業者に対する情報の提供
　三　前二号に掲げるもののほか、対象事業者の個人情報の適正な取扱いの確保に関し必要な業務

2　前項の認定を受けようとする者は、政令で定めるところにより、主務大臣に申請しなければならない。

3　主務大臣は、第1項の認定をしたときは、その旨を公示しなければならない。

(欠格条項)
第38条　次の各号のいずれかに該当する者は、前条第1項の認定を受けることができない。
　一　この法律の規定により刑に処せられ、その執行を終わり、又は執行を受けることがなくなった日から2年を経過しない者
　二　第48条第1項の規定により認定を取り消され、その取消しの日から2年を経過しない者
　三　その業務を行う役員(法人でない団体で代表者又は管理人の定めのあるものの代表者又は管理人を含む。以下この条において同じ。)のうちに、次のいずれかに該当する者があるもの
　　イ　禁錮以上の刑に処せられ、又はこの法律の規定により刑に処せられ、その執行を終わり、又は執行を受けることがなくなった日から2年を経過しない者
　　ロ　第48条第1項の規定により認定を取り消された法人において、その取消しの日前30日以内にその役員であった者でその取消しの日から2年を経過しない者

(認定の基準)

第39条　主務大臣は、第37条第1項の認定の申請が次の各号のいずれにも適合していると認めるときでなければ、その認定をしてはならない。
　一　第37条第1項各号に掲げる業務を適正かつ確実に行うに必要な業務の実施の方法が定められているものであること。
　二　第37条第1項各号に掲げる業務を適正かつ確実に行うに足りる知識及び能力並びに経理的基礎を有するものであること。
　三　第37条第1項各号に掲げる業務以外の業務を行っている場合には、その業務を行うことによって同項各号に掲げる業務が不公正になるおそれがないものであること。

（廃止の届出）
第40条　第37条第1項の認定を受けた者（以下「認定個人情報保護団体」という。）は、その認定に係る業務（以下「認定業務」という。）を廃止しようとするときは、政令で定めるところにより、あらかじめ、その旨を主務大臣に届け出なければならない。

2　主務大臣は、前項の規定による届出があったときは、その旨を公示しなければならない。

（対象事業者）
第41条　認定個人情報保護団体は、当該認定個人情報保護団体の構成員である個人情報取扱事業者又は認定業務の対象となることについて同意を得た個人情報取扱事業者を対象事業者としなければならない。

2　認定個人情報保護団体は、対象事業者の氏名又は名称を公表しなければならない。

（苦情の処理）
第42条　認定個人情報保護団体は、本人等から対象事業者の個人情報の取扱いに関する苦情について解決の申出があったときは、その相談に応じ、申出人に必要な助言をし、その苦情に係る事情を調査するとともに、当該対象事業者に対し、その苦情の内容を通知してその迅速な解決を求めなければならない。

2　認定個人情報保護団体は、前項の申出に係る苦情の解決について必要があると認めるときは、当該対象事業者に対し、文書若しくは口頭による説明を求め、又は資料の提出を求めることができる。

3　対象事業者は、認定個人情報保護団体から前項の規定による求めがあったときは、正当な理由がないのに、これを拒んではならない。

（個人情報保護指針）
第43条　認定個人情報保護団体は、対象事業者の個人情報の適正な取扱いの確保のために、利用目的の特定、安全管理のための措置、本人の求めに応じる手続その他の事項に関し、この法律の規定の趣旨に沿った指針（以下「個人情報保護指針」という。）を作成し、公表するよう努めなければなら

ない。

2 認定個人情報保護団体は、前項の規定により個人情報保護指針を公表したときは、対象事業者に対し、当該個人情報保護指針を遵守させるため必要な指導、勧告その他の措置をとるよう努めなければならない。

(目的外利用の禁止)
第44条　認定個人情報保護団体は、認定業務の実施に際して知り得た情報を認定業務の用に供する目的以外に利用してはならない。

(名称の使用制限)
第45条　認定個人情報保護団体でない者は、認定個人情報保護団体という名称又はこれに紛らわしい名称を用いてはならない。

(報告の徴収)
第46条　主務大臣は、この節の規定の施行に必要な限度において、認定個人情報保護団体に対し、認定業務に関し報告をさせることができる。

(命令)
第47条　主務大臣は、この節の規定の施行に必要な限度において、認定個人情報保護団体に対し、認定業務の実施の方法の改善、個人情報保護指針の変更その他の必要な措置をとるべき旨を命ずることができる。

(認定の取消し)
第48条　主務大臣は、認定個人情報保護団体が次の各号のいずれかに該当するときは、その認定を取り消すことができる。
　一　第38条第1号又は第3号に該当するに至ったとき。
　二　第39条各号のいずれかに適合しなくなったとき。
　三　第44条の規定に違反したとき。
　四　前条の命令に従わないとき。
　五　不正の手段により第37条第1項の認定を受けたとき。

2 主務大臣は、前項の規定により認定を取り消したときは、その旨を公示しなければならない。

(主務大臣)
第49条　この節の規定における主務大臣は、次のとおりとする。ただし、内閣総理大臣は、この節の規定の円滑な実施のため必要があると認める場合は、第37条第1項の認定を受けようとする者のうち特定のものについて、特定の大臣等を主務大臣に指定することができる。
　一　設立について許可又は認可を受けている認定個人情報保護団体(第37条第1項の認定を受けようとする者を含む。次号において同じ。)については、その設立の許可又は認可をした大臣等
　二　前号に掲げるもの以外の認定個人情報保護団体については、当該認定個人情報保護団体の対象事業者が行う事業を所管する大臣等

2　内閣総理大臣は、前項ただし書の規定により主務大臣を指定したときは、その旨を公示しなければならない。

第5章　雑則

(適用除外)
第50条　個人情報取扱事業者のうち次の各号に掲げる者については、その個人情報を取り扱う目的の全部又は一部がそれぞれ当該各号に規定する目的であるときは、前章の規定は、適用しない。
　一　放送機関、新聞社、通信社その他の報道機関（報道を業として行う個人を含む。）　報道の用に供する目的
　二　著述を業として行う者　著述の用に供する目的
　三　大学その他の学術研究を目的とする機関若しくは団体又はそれらに属する者　学術研究の用に供する目的
　四　宗教団体　宗教活動（これに付随する活動を含む。）の用に供する目的
　五　政治団体　政治活動（これに付随する活動を含む。）の用に供する目的

2　前項第一号に規定する「報道」とは、不特定かつ多数の者に対して客観的事実を事実として知らせること（これに基づいて意見又は見解を述べることを含む。）をいう。

3　第一項各号に掲げる個人情報取扱事業者は、個人データの安全管理のために必要かつ適切な措置、個人情報の取扱いに関する苦情の処理その他の個人情報の適正な取扱いを確保するために必要な措置を自ら講じ、かつ、当該措置の内容を公表するよう努めなければならない。

(地方公共団体が処理する事務)
第51条　この法律に規定する主務大臣の権限に属する事務は、政令で定めるところにより、地方公共団体の長その他の執行機関が行うこととすることができる。

(権限又は事務の委任)
第52条　この法律により主務大臣の権限又は事務に属する事項は、政令で定めるところにより、その所属の職員に委任することができる。

(施行の状況の公表)
第53条　内閣総理大臣は、関係する行政機関（法律の規定に基づき内閣に置かれる機関（内閣府を除く。）及び内閣の所轄の下に置かれる機関、内閣府、宮内庁、内閣府設置法（平成11年法律第89号）第49条第1項及び第2項に規定する機関並びに国家行政組織法（昭和23年法律第120号）第3条第2項に規定する機関をいう。次条において同じ。）の長に対し、この法律の施行の状況について報告を求めることができる。

2　内閣総理大臣は、毎年度、前項の報告を取りまとめ、その概要を公表する

ものとする。

（連絡及び協力）
第５４条 内閣総理大臣及びこの法律の施行に関係する行政機関の長は、相互に緊密に連絡し、及び協力しなければならない。

（政令への委任）
第５５条 この法律に定めるもののほか、この法律の実施のため必要な事項は、政令で定める。

第6章　罰則

第５６条 第34条第2項又は第3項の規定による命令に違反した者は、6月以下の懲役又は30万円以下の罰金に処する。

第５７条 第32条又は第46条の規定による報告をせず、又は虚偽の報告をした者は、30万円以下の罰金に処する。

第５８条 法人（法人でない団体で代表者又は管理人の定めのあるものを含む。以下この項において同じ。）の代表者又は法人若しくは人の代理人、使用人その他の従業者が、その法人又は人の業務に関して、前二条の違反行為をしたときは、行為者を罰するほか、その法人又は人に対しても、各本条の罰金刑を科する。

2　法人でない団体について前項の規定の適用がある場合には、その代表者又は管理人が、その訴訟行為につき法人でない団体を代表するほか、法人を被告人又は被疑者とする場合の刑事訴訟に関する法律の規定を準用する。

第５９条 次の各号のいずれかに該当する者は、10万円以下の過料に処する。
一　第40条第1項の規定による届出をせず、又は虚偽の届出をした者
二　第45条の規定に違反した者

　　　　附　　則　抄
（施行期日）
第１条 この法律は、公布の日から施行する。ただし、第4章から第6章まで及び附則第2条から第6条までの規定は、公布の日から起算して2年を超えない範囲内において政令で定める日から施行する。

（本人の同意に関する経過措置）
第２条 この法律の施行前になされた本人の個人情報の取扱いに関する同意がある場合において、その同意が第15条第1項の規定により特定される利用目的以外の目的で個人情報を取り扱うことを認める旨の同意に相当するものであるときは、第16条第1項又は第2項の同意があったものとみなす。

第３条 この法律の施行前になされた本人の個人情報の取扱いに関する同意が

ある場合において、その同意が第23条第1項の規定による個人データの第三者への提供を認める旨の同意に相当するものであるときは、同項の同意があったものとみなす。

（通知に関する経過措置）
第4条 第23条第2項の規定により本人に通知し、又は本人が容易に知り得る状態に置かなければならない事項に相当する事項について、この法律の施行前に、本人に通知されているときは、当該通知は、同項の規定により行われたものとみなす。

第5条 第23条第4項第3号の規定により本人に通知し、又は本人が容易に知り得る状態に置かなければならない事項に相当する事項について、この法律の施行前に、本人に通知されているときは、当該通知は、同号の規定により行われたものとみなす。

（名称の使用制限に関する経過措置）
第6条 この法律の施行の際現に認定個人情報保護団体という名称又はこれに紛らわしい名称を用いている者については、第45条の規定は、同条の規定の施行後6月間は、適用しない。

　　　附　則　（平成15年5月3日法律第61号）　抄
（施行期日）
第1条 この法律は、行政機関の保有する個人情報の保護に関する法律の施行の日から施行する。

（その他の経過措置の政令への委任）
第4条 前2条に定めるもののほか、この法律の施行に関し必要な経過措置は、政令で定める。

　　　附　則　（平成15年7月16日法律第119号）　抄
（施行期日）
第1条 この法律は、地方独立行政法人法（平成15年法律第118号）の施行の日から施行する。ただし、次の各号に掲げる規定は、当該各号に定める日から施行する。
　一　第6条の規定　個人情報の保護に関する法律の施行の日又はこの法律の施行の日のいずれか遅い日

（その他の経過措置の政令への委任）
第6条 この附則に規定するもののほか、この法律の施行に伴い必要な経過措置は、政令で定める。

　　　　　　　　　　　　　　　　　　　　　　以上

おわりに

　2008年3月に内閣府は政府の「個人情報の保護に関する基本方針」を改正して対応する方針を明らかにしたが、まだどのような内容にするのかなどの方針が決まっていない。しかし、やっと、過剰反応についての事態を政府が把握したことが伺える。

　2006年度に行われた内閣府の「個人情報保護に関する世論調査」で、個人情報保護法を知っている人の過半数が緊急連絡網など名簿の作成が中止されて日常生活が不便になったと感じていることが判明した。世論調査では、個人情報の提供に慎重な姿勢を取る人が8割を上回ることや、個人情報が外部に漏れていると不安を感じている人も7割を超えていた。個人情報保護法は、今まで無法地帯化していた個人情報を守る情報化社会を実現するのが目的だったものが、施行されてからは、個人情報保護を別の意味で理解して、情報公開を拒む行政や企業、政治とカネで3ヵ月の間に3人も入れ替わって問題になった農林水産大臣などのような都合の悪いことは隠蔽する政治家などが増えた。匿名社会が加速した結果、個人情報保護に対する過剰反応国家、過剰隠蔽国家になってしまった。

　今後は、国の行政機関における個人情報の取扱いに関しては、第三者機関の設置は必要不可欠で、早期に制度化する必要がある。また、宙に浮いた年金問題で、年金だけではなく、医療や介護についても社会保障番号を新たに付与して統一しようとしている。過去に複数あった年金番号を統一させるために行ったことが原因で、誰が支払ったか分からない年金が生まれた。同じ轍を踏まないように慎重に審議する必要がある。

　このように個人情報を国家が管理することは、情報を公開することと、目的外に利用しないことが基本になっているのに、情報を公開していなかったのが年金記録だ。支払い状況を銀行の通帳のように公開しなかった結果、あのように宙に浮いて誰が支払ったか分からないことになった。

　企業でも全体の個人情報保護法保護関連の研修は終えたものの社員一人一人に対する個別指導教育がされてないために今でも多くの個人情報が流出している。

　この書で、医療、福祉、企業、地域、警察などの各分野で何が起こっているか把握して、どこまでを保護して活用していくのかを真剣に論議して考えて、問題点を洗い出して改善していかないと、国民の知る権利が阻害され、更なる情報隠しや行き過ぎた過剰反応を止めることはできず、開かれた情報化社会、ＩＴ国家としての進化はない。

藤田 悟 ●文
（ふじた さとる）

1965年、大阪府生まれ。大阪芸術大学美術学科卒業後、デザイナー、デザイン専門学校教員、大手通販メーカーのWebプランナーを経て、商品企画提案、情報調査分析、消費者調査、Webプランナー、フリージャーナリストとして活躍。特に情報通信、電脳関連に強く、インターネット犯罪、プライバシー問題、銃問題などのあらゆる社会問題について新聞、雑誌などにも寄稿している。また、情報犯罪のコメンテーターとして雑誌やテレビへの登場も多い。

ホームページ「情報110番COM」主宰
http://www.joho110.com

主な著書
『住基ネットと人権』（現代書館）、『事件・事故を回避する50のポイント』（教育開発研究所、共著）、『インターネットや携帯の危険から身をまもる』（ポプラ社）、『いますぐ始める危機管理』（数研出版、共著）、『新版 個人情報防衛マニュアル』『図解 電脳ネット犯罪撃退マニュアル』『図解 個人情報防衛マニュアル』『図解 盗聴撃退マニュアル』（以上、同文書院）

ふなびきかずこ ●イラスト

1951年、兵庫県生まれ。家庭生活と職業が両立するかと思ってまんが家を志したが、一人で家でまんがを描くという作業ははかどらずこの年になってしまった。
4コママんが「きみのものはぼくのもの」「ももこ姫」を雑誌に連載。
1991年、読売国際漫画大賞優秀賞受賞。
2001～2002年「ももこさん」『東京新聞』他夕刊に連載。また、フォー・ビギナーズ・サイエンス『歯で守る健康家族』、フォー・ビギナーズ『ハンナ・アーレント』『住基ネットと人権』『新選組』の絵を担当。

FOR BEGINNERS シリーズ
（日本オリジナル版）

⑩2 誤解だらけの個人情報保護法

2008年4月10日　第1版第1刷発行

文・藤田　悟
イラスト・ふなびきかずこ
装幀・市村繁和
発行所　株式会社現代書館
発行者・菊地泰博
東京都千代田区飯田橋3－2－5
郵便番号 102-0072
電話(03)3221-1321
FAX(03)3262-5906
振替00120-3-83725
http://www.gendaishokan.co.jp/

写植・三村デザイン
印刷・東光印刷所／平河工業社
製本・越後堂製本

校正協力　山木美恵子
©2008,Printed in Japan.
定価はカバーに表示してあります。
落丁・乱丁本はおとりかえいたします。
ISBN978-4-7684-0102-6

FOR BEGINNERS シリーズ

歴史上の人物、事件等を文とイラストで表現した「見る思想書」。世界各国で好評を博しているものを、日本では小社が版権を獲得し、独自に日本版オリジナルも刊行しているものです。

①フロイト
②アインシュタイン
③マルクス
④反原発*
⑤レーニン*
⑥毛沢東*
⑦トロツキー*
⑧戸　籍
⑨資本主義*
⑩吉田松陰*
⑪日本の仏教
⑫全学連
⑬ダーウィン
⑭エコロジー*
⑮憲　法*
⑯マイコン
⑰資本論
⑱七大経済学
⑲食　糧
⑳天皇制
㉑生命操作
㉒般若心経
㉓自然食*
㉔教科書*
㉕近代女性史*
㉖冤罪・狭山事件*
㉗民　法
㉘日本の警察
㉙エントロピー
㉚インスタントアート
㉛大杉栄*
㉜吉本隆明
㉝家　族
㉞フランス革命
㉟三島由紀夫
㊱イスラム教
㊲チャップリン
㊳差　別
㊴アナキズム*
㊵柳田国男
㊶非暴力
㊷右　翼
㊸性
㊹地方自治
㊺太宰治
㊻エイズ
㊼ニーチェ
㊽新宗教
㊾観音経
㊿日本の権力
(51)芥川龍之介
(52)ライヒ
(53)ヤクザ
(54)精神医療
(55)部落差別と人権
(56)死　刑
(57)ガイア
(58)刑　法
(59)コロンブス
(60)総覧・地球環境
(61)宮沢賢治
(62)地　図
(63)歎異抄
(64)マルコムX
(65)ユング
(66)日本の軍隊（上巻）
(67)日本の軍隊（下巻）
(68)マフィア
(69)宝　塚
(70)ドラッグ
(71)にっぽん（NIPPON）
(72)占星術
(73)障害者
(74)花岡事件
(75)本居宣長
(76)黒澤　明
(77)ヘーゲル
(78)東洋思想
(79)現代資本主義
(80)経済学入門
(81)ラカン
(82)部落差別と人権Ⅱ
(83)ブレヒト
(84)レヴィ-ストロース
(85)フーコー
(86)カント
(87)ハイデガー
(88)スピルバーグ
(89)記号論
(90)数学
(91)西田幾多郎
(92)部落差別と宗教
(93)司馬遼太郎と「坂の上の雲」
(94)六大学野球
(95)神道（Shintoism）
(96)新選組
(97)チョムスキー
(98)ヤマトタケル
(99)住基ネットと人権
(100)ユダヤ教
(101)ハンナ・アーレント
(102)誤解だらけの個人情報保護法

＊品切